NOVAS TECNOLOGIAS E MEDIAÇÃO PEDAGÓGICA

JOSÉ MANUEL MORAN
MARCOS T. MASETTO
MARILDA APARECIDA BEHRENS

NOVAS TECNOLOGIAS E MEDIAÇÃO PEDAGÓGICA

PAPIRUS EDITORA

Capa	Fernando Cornacchia
Foto de capa	Rennato Testa
Coordenação	Ana Carolina Freitas e Beatriz Marchesini
Copidesque	Maria Lúcia A. Maier
Diagramação	DPG Editora
Revisão	Daniele Débora de Souza, Isabel Petronilha Costa e Julio Cesar Camillo Dias Filho

Dados Internacionais de Catalogação na Publicação (CIP)
(Câmara Brasileira do Livro, SP, Brasil)

Moran, José Manuel
  Novas tecnologias e mediação pedagógica/José Manuel Moran, Marcos T. Masetto, Marilda Aparecida Behrens. – 21ª ed. rev. e atual. – Campinas, SP: Papirus, 2013. – (Coleção Papirus Educação)

Bibliografia.
ISBN 978-85-308-0996-6

1. Inovações educacionais 2. Tecnologia educacional I. Masetto, Marcos T. II. Behrens, Marilda Aparecida. III. Título. IV. Série.

13-01935   CDD-371.33

Índice para catálogo sistemático:
1. Educação e tecnologias   371.33
2. Tecnologia e educação   371.33

21ª Edição rev. e atual. – 2013
11ª Reimpressão – 2024

Exceto no caso de citações, a grafia deste livro está atualizada segundo o Acordo Ortográfico da Língua Portuguesa adotado no Brasil a partir de 2009.

Proibida a reprodução total ou parcial da obra de acordo com a lei 9.610/98. Editora afiliada à Associação Brasileira dos Direitos Reprográficos (ABDR).

DIREITOS RESERVADOS PARA A LÍNGUA PORTUGUESA:
© M.R. Cornacchia Editora Ltda. – Papirus Editora
R. Barata Ribeiro, 79, sala 316 – CEP 13023-030 – Vila Itapura
Fone: (19) 3790-1300 – Campinas – São Paulo – Brasil
E-mail: editora@papirus.com.br – www.papirus.com.br

SUMÁRIO

APRESENTAÇÃO 7

1. ENSINO E APRENDIZAGEM INOVADORES
   COM APOIO DE TECNOLOGIAS............................ 11
   José Manuel Moran

2. PROJETOS DE APRENDIZAGEM COLABORATIVA
   NUM PARADIGMA EMERGENTE............................ 73
   Marilda Aparecida Behrens

3. MEDIAÇÃO PEDAGÓGICA E TECNOLOGIAS DE
   INFORMAÇÃO E COMUNICAÇÃO 141
   Marcos T. Masetto

APRESENTAÇÃO

Com base nas atividades docentes que nós professores vimos desenvolvendo, principalmente no ensino superior, tanto nos cursos de graduação como nos de pós-graduação, bem como levando em consideração nossas atividades com professores universitários procurando o aperfeiçoamento de nossa prática pedagógica, sentimos necessidade de aprofundar e expor aos nossos colegas professores algumas reflexões sobre um tema que vem nos atingindo de forma tão intensa, contínua e de fontes tão diversas.

Trata-se da introdução da informática e da telemática na educação sob diversos ângulos: é a tecnologia atual, que não pode estar ausente da escola; são os grandes projetos de informatização dos sistemas escolares por meio da colocação de computadores nas escolas; é a ideia muitas vezes aparecendo na mídia, em forma de *marketing* de algumas instituições, de que com laboratórios instalados nas escolas teremos automaticamente cursos melhores e resolvidos nossos centenários problemas educacionais; é a questão da educação a distância alardeada para cursos de educação básica, cursos profissionalizantes, cursos de graduação e mesmo de pós-graduação.

Sem dúvida, a tecnologia nos atingiu como uma avalanche e envolve a todos. Começa a haver um investimento significativo em tecnologias telemáticas de alta velocidade para conectar alunos e professores no ensino presencial e a distância. Como em outras épocas, há uma expectativa de que as novas tecnologias nos trarão soluções rápidas para mudar a educação. Sem dúvida, as tecnologias nos permitem ampliar o conceito de aula, de espaço e de tempo, estabelecendo novas pontes entre o estar juntos fisicamente e virtualmente.

Mas há alguns pontos críticos e cruciais, que neste quadro nem sempre estão merecendo a mesma consideração, as mesmas preocupações e os mesmos incentivos, sem os quais toda esta questão tecnológica em educação pode se transformar numa outra grande panaceia "modernosa", mas que não vai trazer nenhum resultado significativo para o desenvolvimento educacional e cidadão de nossa geração, aqui incluindo as crianças, os jovens, os adultos, os profissionais e os idosos de hoje.

E quais são esses pontos cruciais e críticos? A questão da educação com qualidade, a construção do conhecimento na sociedade da informação, as novas concepções do processo de aprendizagem colaborativa, a revisão e a atualização do papel e das funções do professor, a formação permanente deste profissional *professor*, a compreensão e a utilização das novas tecnologias visando à aprendizagem dos nossos alunos e não apenas servindo para transmitir informações (ensino a distância *x* educação e aprendizagem a distância), a compreensão da mediação pedagógica como categoria presente tanto no uso das próprias técnicas como no processo de avaliação e, principalmente, no desempenho do papel do professor.

Abordaremos alguns pontos críticos. Há outros, certamente. Mas escolhemos esses para nosso diálogo com os colegas professores porque, em nossos contatos com eles, são os que sempre aparecem como grande preocupação, e, por outro lado, trata-se dos aspectos que nos parecem os menos considerados em todo esse *marketing* da educação com tecnologia.

Procuramos sintetizar esses pontos em três partes neste livro: a primeira, elaborada por José Manuel Moran – doutor em Comunicação, professor de Novas Tecnologias na Universidade de São Paulo por muitos anos e pesquisador de inovações na educação –, intitulada "Ensino e aprendizagem inovadores com apoio de tecnologias", aborda os desafios que a internet e as tecnologias móveis trazem para a educação informal e formal ao longo da vida.

A segunda parte traz uma proposta metodológica subsidiada por referenciais teóricos e práticos, apresentada por Marilda Aparecida Behrens – professora titular da Pontifícia Universidade Católica do Paraná, onde atua como docente no mestrado em Educação no qual aborda Paradigmas Contemporâneos da Educação e Processos Pedagógicos na Educação Superior. Denominada "Projetos de aprendizagem colaborativa num paradigma emergente", essa segunda parte constitui-se de uma reflexão e de uma proposição sobre a ação docente que venham atender às exigências deste novo paradigma. Propõe uma aliança entre a abordagem progressista, uma visão holística e o ensino com pesquisa, que, tal uma teia, se interconectam e subsidiam pressupostos para uma prática pedagógica num paradigma emergente. Advinda da experiência vivenciada, explicita passos e sugestões de como organizar uma metodologia inovadora, propondo um contrato didático que subsidie uma aprendizagem colaborativa na era digital.

Na terceira parte, intitulada "Mediação pedagógica e tecnologias de informação e comunicação", com um caráter mais didático, Marcos T. Masetto – professor titular da PUC-SP e da Universidade Presbiteriana Mackenzie, e professor associado aposentado da USP – procura aprofundar o tema da mediação pedagógica como característica fundamental para o uso, em educação, tanto da tecnologia convencional como das assim chamadas novas tecnologias, visando à melhoria do processo de aprendizagem.

Nossa expectativa – como sempre em todas as nossas atividades – é a de que, por meio destas notas, se estabeleça ou se desenvolva ainda mais um diálogo com nossos leitores, ouvindo críticas, novas ideias, intercambiando experiências e práticas pedagógicas que possam nos ajudar a encarar essa nova realidade tecnológica na educação como melhores recursos para continuarmos em nossa luta pela educação no Brasil.

1
ENSINO E APRENDIZAGEM INOVADORES COM APOIO DE TECNOLOGIAS

José Manuel Moran

Para onde estamos caminhando na educação?

É muito difícil determinar um rumo para a educação, diante de tantas mudanças, tantas possibilidades, tantos desafios. Quando o uso da internet se disseminou, eu imaginava que o seu impacto seria muito forte nos primeiros anos, que teríamos metodologias muito diferentes, mais participativas e adaptadas a cada aluno. Isso vem acontecendo, mas num ritmo muito mais lento do que eu esperava.

O avanço do mundo digital traz inúmeras possibilidades, ao mesmo tempo em que deixa perplexas as instituições sobre o que manter, o que alterar, o que adotar. Não há respostas simples. É possível ensinar e aprender de muitas formas, inclusive da forma convencional. Há também muitas novidades, que são reciclagens de técnicas já conhecidas. Não temos certeza de que o uso intensivo de tecnologias digitais se traduz em resultados muito expressivos. Vemos escolas com poucos recursos tecnológicos e bons resultados, assim como outras que se utilizam mais de tecnologias. E o contrário também acontece. Não são os recursos que definem a aprendizagem, são as pessoas, o projeto pedagógico, as interações, a gestão. Mas não há dúvida de que o mundo digital afeta todos os setores, as formas de produzir, de vender, de comunicar-se e de aprender.

Tudo o que for previsível será cada vez mais realizado por aplicativos, programas, robôs. Nosso papel fundamental na educação escolar é de ser mediadores interessantes, competentes e confiáveis entre o que a instituição propõe em cada etapa e o que os alunos esperam, desejam e realizam.

A educação é um processo de toda a sociedade – não só da escola – que afeta todas as pessoas, o tempo todo, em qualquer situação pessoal, social, profissional, e de todas as formas possíveis. Toda a sociedade educa quando transmite ideias, valores e conhecimentos, e quando busca novas ideias, valores e conhecimentos. Família, escola, meios de comunicação, amigos, igrejas, empresas, internet, todos educam e, ao mesmo tempo, são educados, isto é, todos aprendem mutuamente, sofrem influências, adaptam-se a novas situações. Aprendemos com todas as organizações e com todos os grupos e pessoas aos quais nos vinculamos.

Enquanto a sociedade muda e experimenta desafios mais complexos, a educação formal continua, de maneira geral, organizada de modo previsível, repetitivo, burocrático, pouco atraente. Apesar de teorias avançadas, predomina, na prática, uma visão conservadora, repetindo o que está consolidado, o que não oferece risco nem grandes tensões.

A escola precisa reaprender a ser uma organização efetivamente significativa, inovadora, empreendedora. Ela é previsível demais, burocrática demais, pouco estimulante para os bons professores e alunos. Não há receitas fáceis nem medidas simples. Mas essa escola está envelhecida em seus métodos, procedimentos, currículos. A maioria das instituições superiores se distancia velozmente da sociedade, das demandas atuais. Elas sobrevivem porque são os espaços obrigatórios para certificação. Na maior parte do tempo, os alunos frequentam as aulas porque são obrigados, não por escolha real, por interesse, por motivação, por aproveitamento.

Muitos correm atrás de receitas milagrosas para mudar a educação. Se fossem simples, já as teríamos encontrado há muito tempo. Educar é, simultaneamente, fácil e difícil, simples e complexo. Os princípios fundamentais são sempre os mesmos: saber acolher, motivar, mostrar valores, colocar limites, gerenciar atividades desafiadoras de aprendizagem. Só que as tecnologias móveis, que chegam às mãos de alunos e professores, trazem desafios imensos de como organizar esses processos de forma interessante, atraente e eficiente dentro e fora da sala de aula, aproveitando o melhor de cada ambiente, presencial e digital.

Uma educação inovadora se apoia em um conjunto de propostas com alguns grandes eixos que lhe servem de guia e de base: o conhecimento integrador e inovador; o desenvolvimento da autoestima e do autoconhecimento (valorização de todos); a formação de alunos empreendedores (criativos, com iniciativa) e a construção de alunos-cidadãos (com valores individuais e sociais).

São pilares que, com o apoio de tecnologias móveis, poderão tornar o processo de ensino-aprendizagem muito mais flexível, integrado, empreendedor e inovador.

A escola pode abrir-se cada vez mais para o mundo, começando pelo seu entorno: abrir-se para o seu bairro, dialogando com as principais pessoas e com as organizações da região, abrir-se para os pais e para as famílias, trazendo-os para dentro, como aprendizes e colaboradores no processo de ensinar e aprender. Ademais, ela pode integrar-se com os espaços interessantes do cotidiano, com o mundo das artes, da música, do teatro, da poesia, do cinema, das mídias digitais. Pode abrir-se para os mundos real e digital, para entendê-los, visando contribuir para modificá-los. Se os alunos fizerem pontes entre o que aprendem intelectualmente e as situações reais, experimentais e profissionais ligadas aos seus estudos, a aprendizagem será mais significativa, viva e enriquecedora.

Estamos caminhando para uma nova fase de convergência e integração das mídias: tudo começa a integrar-se com tudo, a falar com tudo e com todos. Tudo pode ser divulgado em alguma mídia. Todos podem ser produtores e consumidores de informação. A digitalização traz a multiplicação de possibilidades de escolha, de interação. A mobilidade e a virtualização nos libertam dos espaços e dos tempos rígidos, previsíveis, determinados. O mundo físico se reproduz em plataformas digitais, e todos os serviços começam a poder ser realizados, física ou virtualmente. Há um diálogo crescente, muito novo e rico entre o mundo físico e o chamado mundo digital, com suas múltiplas atividades de pesquisa, lazer, de relacionamento e outros serviços e possibilidades de integração entre ambos, que impactam profundamente a educação escolar e as formas de ensinar e aprender a que estamos habituados.

Educação integral das pessoas

Pela educação podemos avançar em nosso desenvolvimento, aprendendo a perceber mais longe, com mais profundidade e de forma mais abrangente, dentro e fora de nós. Nosso grande projeto de vida é conseguir ampliar nossa visão, nosso conhecimento, nossas emoções e nossos valores, construindo um percurso cada vez mais equilibrado, estimulante, libertador e realizador em todos os campos e atividades.

Quando mantemos o foco no desenvolvimento pessoal integral, de forma constante e consciente, conseguimos realizar melhores escolhas em todos os campos e também revê-las, quando se mostram inadequadas ou superadas. De um lado, continuamos abertos a novas mensagens, pessoas, atividades. De outro, filtramos o que percebemos como mais conveniente em cada momento, que interações são mais significativas, que ações nos ajudam a evoluir mais. É um processo delicado e contraditório, riquíssimo, de observação atenta, interna e externa, de escolhas possíveis em cada etapa e campo de atuação, de revisão da coerência entre nossa visão e ação, entre nossos desejos e sua concretização, entre nossos sonhos e realizações.

É um processo incerto, instável, não linear. Cada escolha descarta muitas outras, nos enriquece e empobrece ao mesmo tempo. Algumas decisões se mostram, com o tempo, enriquecedoras; outras, inadequadas. Mas todas – se refletidas – contribuem para ampliar nosso repertório, ajudando-nos a dar novos passos e a evitar as mesmas armadilhas. É gratificante acompanhar nosso percurso com algum distanciamento para que consigamos ser observadores acurados de nossos pensamentos, emoções e ações, não desanimando em períodos mais áridos nem deslumbrando-nos com eventuais sucessos.

O processo educativo nos impulsiona para a frente, mas também precisamos estar atentos para olhar para o nosso passado, principalmente para os nossos primeiros anos de vida, reexaminando com cuidado o que ainda faz sentido e o que é incongruente com o nosso atual estágio de desenvolvimento. Aprender também implica desaprender. Muito do que nos foi ensinado quando crianças pode ter-se tornado hoje excessivamente simplista, maniqueísta ou opressor. Pela reflexão e pela conscientização, podemos libertar-nos progressivamente de injunções, valores, roteiros de vida incoerentes e sufocantes. A libertação do passado nos permite realizar avanços consistentes, descartando o dispensável e mantendo o essencial. Assim viajamos mais leves, livres e esperançosos.

A educação pessoal consciente é um processo complexo, tenso, contraditório e permanente de tornar nossa vida mais rica, impactante e equilibrada entre conhecer, sentir, comunicar-nos e agir, ampliando a percepção de múltiplas camadas da realidade, a capacidade de acolher e amar, de enfrentar situações mais complexas e desafios mais fascinantes.

Nosso maior desafio é avançar sempre na direção de sermos pessoas mais perceptivas, sensíveis, afetivas, realizadoras e realizadas, na contramão de muitas visões materialistas, egoístas ou narcisistas. De pouco adianta sabermos muito e termos um currículo espetacular, se permanecemos pessoas medíocres, invejosas, egoístas.

Aprendemos de forma distorcida quando focamos demais um só objetivo, muito específico, e deixamos de olhar o contexto, o todo. Podemos ser eminentes em um campo e nanicos em outros. É fácil hoje focar demais o profissional em detrimento do familiar ou supervalorizar ter muitos bens ou poder. Aprendemos pouco quando nos acomodamos na rotina, na segurança da previsibilidade, e não nos esforçamos para evoluir mais. Comprometemos nosso processo de crescimento pessoal quando desenvolvemos esquemas de simulação, aparentando o que não somos, mostrando-nos de um jeito diferente ao que percebemos, sentimos e acreditamos. Aprendemos pouco quando desistimos de perseverar na atitude de querer crescer mais, de compreender melhor, de sermos mais sensíveis, afetivos, e de tentarmos as mudanças possíveis em cada momento.

A educação é eficaz quando nos ajuda a enfrentar as crises, as etapas de incerteza, de decepção, de fracasso em qualquer área e a encontrar forças para avançar e achar novos caminhos de realização.

A educação é eficaz, no longo prazo, quando, ao olharmos para trás, conseguimos perceber que avançamos, no meio de contradições, desvios e incertezas, atingindo um equilíbrio maior entre nossas ideias, emoções, nossos valores e nossas realizações.

Aliada à competência intelectual e à preparação para o sucesso profissional, a escola precisa focar mais a construção de pessoas cada vez mais livres, evoluídas, independentes e responsáveis socialmente. Uma escola interessante, aberta e estimulante, que descortine novos horizontes profissionais, afetivos, sociais, e que favoreça escolhas mais significativas em todos os campos. Uma formação que ajude os alunos a acreditarem em si, a buscarem novos caminhos pessoais e profissionais, a lutarem por uma sociedade mais justa, por menos exploração, que dê confiança aos jovens para que se tornem adultos realizados, afetivos, inspiradores.

Na escola que temos, aprendemos pouco e não aprendemos o principal: a sermos pessoas plenas, ricas, criativas e empreendedoras. Para isso, precisamos aprender a ler, compreender, contar e escolher uma profissão, mas precisamos fazê-lo de forma diferente de como estamos fazendo até agora, insistindo na integração entre as dimensões intelectual, emocional e comportamental de forma criativa e inovadora. Vale a pena investir nas pessoas, na esperança de mudança, e oferecer-lhes instrumentos para que se sintam capazes de caminhar por si mesmas, de realizar atividades cada vez mais interessantes, complexas, desafiadoras e realizadoras. Essa é a educação que desejamos e que é plenamente viável.

A mediação afetiva na relação pedagógica

As escolas se preocupam principalmente com o conhecimento intelectual, e hoje constatamos que tão importante como as ideias é o equilíbrio emocional, o desenvolvimento de atitudes positivas diante de si mesmo e dos outros, o aprender a colaborar, a viver em sociedade e em grupo, o gostar de si e dos demais.

"Os alunos só terão sucesso na escola, no trabalho e na vida social se tiverem autoconfiança e auto-estima. A escola de hoje não trabalha isso", afirma Robert Wong (*apud* Rosenfeld 2004), ao sugerir que as instituições de ensino criem cursos de psicologia comportamental em que os alunos possam aprender mais sobre si mesmos. Segundo ele, a autoconfiança só se adquire por meio do autoconhecimento.

A educação, como as outras instituições, tem se baseado na desconfiança, no medo de sermos enganados pelos alunos, na cultura da defesa, da coerção externa. O desenvolvimento da autoestima é um grande tema transversal, um eixo fundamental da proposta pedagógica de qualquer curso. Esse campo é muito pouco explorado, apesar de todos concordarmos que ele é importante. Aprendemos mais e melhor se o fazemos num clima de confiança, incentivo, apoio e autoconhecimento; se estabelecemos relações cordiais, de acolhimento para com os alunos, se nos mostramos pessoas abertas, afetivas, carinhosas, tolerantes e flexíveis, dentro de padrões e limites conhecidos: "Se as pessoas são aceitas e consideradas, tendem a desenvolver uma atitude de mais consideração em relação a si mesmas" (Rogers 1992, p. 39).

Temos baseado a educação mais no controle do que no afeto, mais no autoritarismo do que na colaboração.

> Talvez o significado mais marcante de nosso trabalho e de maior alcance futuro seja simplesmente nosso modo de ser e agir enquanto equipe. Criar um ambiente onde o poder é compartilhado, onde os indivíduos são fortalecidos, onde os grupos são vistos como dignos de confiança e competentes para enfrentar os problemas – tudo isto é inaudito na vida comum. Nossas escolas, nosso governo, nossos negócios estão permeados da visão de que nem o indivíduo nem o grupo são dignos de confiança. Deve existir poder sobre eles, poder para controlar. O sistema hierárquico é inerente a toda a nossa cultura. (*Ibidem*, pp. 65-66)

O ambiente propício para mudar a educação escolar se dá quando se amplia o relacionamento entre gestor-professor-aluno-escola-família e sociedade, num clima amoroso e criativo de solidariedade, intercâmbio e apoio.

A afetividade é um componente básico do conhecimento e está intimamente ligada ao sensorial e ao intuitivo. A afetividade se manifesta no clima de acolhimento, empatia, inclinação, desejo, gosto, paixão e ternura, de compreensão para consigo mesmo, para com os outros e para com o objeto do conhecimento. Ela dinamiza as interações, as trocas, a busca, os resultados. Facilita a comunicação, toca os participantes, promove a união. O clima afetivo prende totalmente, envolve plenamente, multiplica as potencialidades. O homem contemporâneo, pela relação tão forte com os meios de comunicação e pela solidão da cidade grande, é muito sensível às formas de comunicação que enfatizam os apelos emocionais e afetivos mais do que os racionais.

A educação precisa incorporar mais as dinâmicas participativas, como as de autoconhecimento (trazer assuntos próximos à vida dos alunos), as de colaboração (trabalhos de grupo, de criação grupal) e as de comunicação (como o teatro ou a produção de vídeo).

Na educação podemos ajudar a desenvolver o potencial que cada aluno tem, dentro de suas possibilidades e limitações. Para isso, precisamos praticar a pedagogia da compreensão em vez da pedagogia da intolerância, da rigidez, do pensamento único, da desvalorização dos menos inteligentes, dos fracos, problemáticos ou "perdedores".

Isso significa dizer que precisamos praticar a pedagogia da inclusão. Esta não se faz somente com os que ficam fora da escola. Dentro da escola muitos alunos são excluídos pelos professores e colegas. São excluídos quando nunca falamos deles, quando não os valorizamos, quando os ignoramos continuamente. São excluídos quando supervalorizamos alguns, colocando-os como exemplos em detrimento de outros; quando exigimos, de alunos com dificuldades de aceitação e de relacionamento, resultados imediatos, metas que lhe são difíceis no campo emocional.

Há uma série de obstáculos no caminho: a formação intelectual valoriza mais o conteúdo oral e textual, separando razão e emoção. O professor não costuma ter uma formação emocional, afetiva. Por isso, tende a enxergar mais os erros que os acertos. A falta de valorização profissional também interfere na autoestima. Se os professores não desenvolvem a própria autoestima, se não se dão valor, se não se sentem bem como pessoas e profissionais, não podem educar num contexto afetivo. Ninguém dá o que não tem. Por isso, é importante organizar, com gestores e professores, atividades de sensibilização e técnicas de autoconhecimento e autoestima; ter aulas de psicologia visando ao autoconhecimento e contar com especialistas em orientação psicológica. Ações que objetivem *que alunos e professores desenvolvam sua autoconfiança e sua autoestima*; que tenham respeito por si mesmos e acreditem em si; que percebam, sintam e aceitem o valor pessoal e o dos outros. Assim será mais fácil aprender e comunicar-se com os demais. Sem essa base de autoestima, alunos e professores não estarão inteiros, plenos para interagir, e se digladiarão como opostos, quando deveriam se ver como parceiros.

Para que os alunos tenham certeza do que comunicamos, é extremamente importante que haja *sintonia entre a comunicação verbal*, falada, *e a não verbal*, gestual, que passa pela inflexão sonora, pelo olhar, pelos gestos corporais de aproximação ou afastamento. As pessoas que tiveram uma educação emocional mais rígida, menos afetiva, costumam ter dificuldades também em expressar suas reais intenções, em comunicar-se com clareza. Costumam expressar-se de forma ambígua, utilizam recursos retóricos, como a ironia e o duplo sentido, o que deixa confusos os ouvintes, que não conseguem decifrar o alcance total das intenções do comunicador.

O professor que gerencia bem suas emoções confere clareza, convergência e reforço às suas palavras e gestos, e, geralmente, o faz de forma tranquila, sem agredir o outro. O aluno capta claramente a mensagem. Poderá concordar ou não com ela, mas encontra pistas seguras de interpretação e formas de aceitação mais fáceis. O professor equilibrado, aberto, nos encanta. Antes de prestar atenção ao significado das palavras, prestamos atenção aos sinais profundos que ele nos envia, de que é uma pessoa de bem com a vida, confiante, aberta, positiva, flexível, que se coloca na nossa posição também, que tem capacidade de nos entender e de discordar, sem aumentar desnecessariamente as barreiras.

Participamos de inúmeras formas de comunicação em grupos e organizações, mais ou menos significativas. Em cada uma dessas organizações, como, por exemplo, as ligadas ao trabalho, à educação, ao entretenimento, desempenhamos alguns papéis mais "profissionais" – em que mostramos competência, conhecimento em áreas específicas – e outros, mais pessoais. Um médico, mesmo que esteja conversando num bar de um clube de tênis, continuará sendo visto pelos outros como um profissional da saúde e pesarão mais as suas opiniões sobre uma determinada doença do que as de um colega engenheiro sentado ao seu lado.

Essa competência maior ou menor, assim como a forma como a exercemos – com mais ou menos simpatia –, facilita ou dificulta a nossa comunicação no campo organizacional. Podemos ser vistos como pessoas competentes, mas de difícil convivência, ou muito simpáticos, mas pouco inteligentes.

Nos vários ambientes que frequentamos, comunicamo-nos como pessoas realizadas ou insatisfeitas, abertas ou fechadas, confiantes ou desconfiadas, competentes ou incompetentes, egoístas ou generosas, éticas ou antiéticas. Além disso, expressamo-nos como homens ou mulheres, jovens ou adultos, ricos ou pobres. Todas essas variáveis interferem nos vários níveis de comunicação pessoal, grupal e organizacional, expressam o nível de aprendizagem que atingimos como pessoas e influenciam em nossa capacidade de interagir com nossos alunos e colegas.

Os desafios de educar com qualidade

Há uma preocupação com *ensino de qualidade* mais do que com *educação de qualidade*. Ensino e educação são conceitos diferentes. No ensino, organiza-se uma série de atividades didáticas para ajudar os alunos a compreender áreas específicas do conhecimento (ciências, história, matemática). Na educação, o foco, além de ensinar, é ajudar a integrar ensino e vida, conhecimento e ética, reflexão e ação, a ter uma visão de totalidade. Educar é ajudar a integrar todas as dimensões da vida, a encontrar nosso caminho intelectual, emocional, profissional, que nos realize e que contribua para modificar a sociedade em que vivemos.

Educar é colaborar para que professores e alunos – nas escolas e organizações – transformem sua vida em processos permanentes de aprendizagem. É ajudar os alunos na construção de sua identidade, de seu caminho pessoal e profissional – de seu projeto de vida, no desenvolvimento das habilidades de compreensão, emoção e comunicação que lhes permitam encontrar seus espaços pessoais, sociais e profissionais e tornar-se cidadãos realizados, produtivos e éticos.

Educamos de verdade quando aprendemos com cada coisa, pessoa ou ideia que vemos, ouvimos, sentimos, tocamos, experienciamos, lemos, compartilhamos e com que sonhamos; quando aprendemos em todos os espaços em que vivemos – na família, na escola, no trabalho, no lazer etc. Educamos aprendendo a integrar em novas sínteses o real e o imaginário; o presente e o passado, com vistas ao futuro; a ciência, a arte e a técnica; a razão e a emoção.

Ensinar/educar é participar de um processo, em parte, previsível – o que esperamos de cada aluno no fim de cada etapa – e, em parte, aleatório, imprevisível. A educação principal é feita ao longo da vida, pela reelaboração mental e emocional das experiências pessoais, pela forma de viver, pelas atitudes básicas e práticas diante de todas as situações e pessoas. A avaliação escolar mostra-nos se aprendemos alguns conteúdos e habilidades. Os resultados da educação aparecem a longo prazo. Quanto mais avançamos em idade, mais claramente mostramos até onde aprendemos de verdade, se evoluímos realmente, em que tipo de pessoas nos transformamos.

Ensinar é um processo social (inserido em cada cultura, com suas normas, tradições e leis), mas também é um processo profundamente pessoal: cada um de nós desenvolve um estilo, um caminho próprio, dentro do que está previsto para a maioria. A sociedade ensina. As instituições aprendem e ensinam. Os professores aprendem e ensinam. Sua personalidade e sua competência ajudam mais ou menos. Ensinar depende também de o aluno querer aprender e estar apto a aprender em determinado nível (depende da maturidade, da motivação e da competência adquiridas).

Fala-se muito de ensino de qualidade. Muitas escolas e universidades são colocadas no pedestal, como modelos de qualidade. Na verdade, de modo geral, *não temos ensino de alta qualidade. Temos alguns cursos, faculdades e universidades com áreas de relativa excelência.* Mas o conjunto das instituições de ensino está muito distante de um conceito real de qualidade.

Uma educação de qualidade envolve muitas variáveis:

- uma organização inovadora, aberta, dinâmica, com um projeto pedagógico coerente, aberto, participativo; com infraestrutura adequada, atualizada, confortável; tecnologias acessíveis, rápidas e renovadas;
- uma organização que congrega docentes bem-preparados intelectual, emocional, comunicacional e eticamente; bem-remunerados, motivados e com boas condições profissionais, e onde haja circunstâncias favoráveis a uma relação efetiva com os alunos que facilite conhecê-los, acompanhá-los, orientá-los;
- uma organização que tenha alunos motivados e preparados, intelectual e emocionalmente, com capacidade de gerenciamento pessoal e grupal.

Temos, de modo geral, uma educação muito mais problemática do que é divulgado. Mesmo as melhores instituições são bastante desiguais em seus cursos, suas metodologias e formas de avaliar, seus projetos pedagógicos e sua infraestrutura. Há avanços, mas, diante dos desafios, o resultado é relativamente modesto. Quando há uma área mais avançada em alguns pontos, ela é colocada como modelo, divulgada externamente como se fosse o padrão de excelência de toda a instituição. Vende-se o todo pela parte. O que muitas vezes é fruto de alguns grupos, algumas lideranças de pesquisa, aparece como se fosse generalizado a todos os setores da escola, o que não é verdade. As instituições vendem externamente os seus sucessos – muitas vezes de forma exagerada – e escondem os insucessos, os problemas, as dificuldades.

Temos escolas e universidades em que predominam, de maneira geral, os modelos tradicionais, a transmissão da informação, um número excessivo de alunos por sala, professores malpreparados, malpagos, pouco motivados e evoluídos como pessoas.

Temos muitos alunos que ainda valorizam mais o diploma do que o aprender, que fazem o mínimo (em geral) para ser aprovados, que esperam ser conduzidos passivamente e não exploram todas as possibilidades que existem dentro e fora da instituição escolar.

A infraestrutura costuma ser inadequada: salas barulhentas, pouco material escolar avançado, tecnologias pouco acessíveis à maioria.

Muitas instituições valorizam excessivamente o lucro, a burocracia, apesar do discurso idealista-teórico, que aparece nos documentos e é desmentido na prática. Há um predomínio de metodologias pouco criativas e do *marketing,* em detrimento de um verdadeiro processo de mudança.

Nosso desafio maior é contribuir para o avanço da educação de qualidade, que integre todas as dimensões do ser humano. Para isso, precisamos de gestores e professores que façam essa integração em si mesmos, que sejam pessoas interessantes, abertas, proativas, afetivas e éticas, que transitem de forma fácil entre o pessoal e o social, que expressem em suas palavras e ações que estão sempre evoluindo, mudando, avançando.

As dificuldades de mudanças na educação

As mudanças demorarão mais do que alguns pensam, porque os modelos tradicionais estão muito sedimentados, em parte, eles funcionam, e com isso torna-se complicado fazer mudanças profundas. Por outro lado, encontramo-nos em processos desiguais de aprendizagem e evolução pessoal e social. Apesar de haver avanços, muitas instituições e muitos profissionais mantêm uma distância entre a teoria e a prática, entre suas ideias e ações. Se as pessoas têm dificuldades para evoluir, conviver e trabalhar em conjunto, isso se reflete na prática pedagógica.

Enfrentamos grandes problemas no gerenciamento de nossas emoções, tanto em nível pessoal como organizacional, o que dificulta o aprendizado rápido. São poucos os modelos vivos de aprendizagem integradora, que alia teoria e prática, que aproxima o pensar do viver.

A ética permanece contraditória entre a teoria e a prática. Os meios de comunicação mostram com frequência como alguns governantes, empresários, políticos e outros grupos de elite agem impunemente. Muitos adultos falam uma coisa – respeitar as leis – e praticam outra, deixando confusos os alunos e levando-os a imitar mais tarde esses modelos.

O autoritarismo da maior parte das relações humanas interpessoais, grupais e organizacionais espelha o estágio atrasado em que nos encontramos individual e coletivamente em termos de desenvolvimento humano, equilíbrio pessoal e amadurecimento social. E somente podemos educar para a autonomia e para a liberdade, valendo-nos de processos fundamentalmente participativos, interativos, libertadores, que respeitem as diferenças, que incentivem, que apoiem, orientados por pessoas e organizações livres.

As mudanças na educação dependem, em primeiro lugar, de termos educadores maduros intelectual e emocionalmente, pessoas curiosas, entusiasmadas, abertas, que saibam motivar e dialogar. Pessoas com as quais valha a pena entrar em contato, porque desse contato saímos enriquecidos.

O educador autêntico é humilde e confiante. Mostra o que sabe e, ao mesmo tempo, está atento ao que não sabe, ao novo. Mostra para o aluno a complexidade do aprender, a nossa ignorância, as nossas dificuldades. Ensina, aprendendo a relativizar, a valorizar a diferença, a aceitar o provisório. Aprender é passar da incerteza a uma certeza provisória que dá lugar a novas descobertas e a novas sínteses.

Os grandes educadores atraem não só pelas suas ideias, mas pelo contato pessoal. Dentro ou fora da aula, chamam a atenção. Há sempre algo surpreendente, diferente no que dizem, nas relações que estabelecem, na sua forma de olhar, de se comunicar, de agir. São um poço inesgotável de descobertas.

Enquanto isso, boa parte dos professores é previsível, não nos surpreende: repete fórmulas, sínteses. São docentes "papagaios", que repetem o que leem e ouvem, que se deixam levar pela última moda intelectual, sem questioná-la.

É importante termos educadores/pais com um amadurecimento intelectual, emocional, comunicacional e ético, que facilite todo o processo de organizar a aprendizagem. Pessoas abertas, sensíveis, humanas, que valorizem mais a busca que o resultado pronto, o estímulo que a repreensão, o apoio que a crítica, capazes de estabelecer formas democráticas de pesquisa e de comunicação.

As mudanças na educação dependem também de termos administradores, diretores e coordenadores mais abertos, que entendam todas as dimensões envolvidas no processo pedagógico, além das empresariais ligadas ao lucro; que apoiem os professores inovadores, que equilibrem o gerenciamento empresarial, tecnológico e o humano, contribuindo para que haja um ambiente de maior inovação, intercâmbio e comunicação. Gestores e educadores bem-preparados, bem-remunerados, motivados, e que possuam comprovada competência intelectual, emocional, comunicacional e ética.

Uma boa escola precisa de professores mediadores, motivados, criativos, experimentadores, presenciais e virtuais. De mestres menos "falantes", mais orientadores. De menos aulas informativas, e mais atividades de pesquisa e experimentação. De desafios e projetos. Uma escola que fomente redes de aprendizagem, entre professores e entre alunos, onde todos possam aprender com os que estão perto e com os que estão longe – mas conectados – e onde os mais experientes possam ajudar aqueles que têm mais dificuldades.

Uma boa escola depende também de um projeto pedagógico inovador, onde a internet esteja inserida como um importante componente metodológico. Onde há um projeto conservador, a internet é utilizada para controlar mais os alunos, para reforçar o papel do professor como mero transmissor de conhecimentos. O mais importante é o que a escola faz, como ela se organiza, as relações entre gestores, docentes, alunos e comunidade. Não há tecnologias avançadas que salvem maus profissionais.

As mudanças na educação dependem também dos alunos. Alunos curiosos e motivados facilitam enormemente o processo, estimulam as melhores qualidades do professor, tornam-se interlocutores lúcidos e parceiros de caminhada do professor-educador. Alunos motivados aprendem e ensinam, avançam mais e auxiliam o professor em sua tarefa de ajudá-los mais e melhor.

O núcleo familiar dos alunos também é um importante fator a considerar quando se trata de mudanças na educação. Alunos que provêm de famílias abertas, que apoiam as mudanças, que estimulam afetivamente os filhos, que desenvolvem ambientes culturalmente ricos, aprendem mais rapidamente, crescem mais confiantes e tornam-se pessoas mais produtivas. Muitas mudanças demoram porque a sociedade mantém um padrão mental de que ensinar é falar e aprender é ouvir.

Caminhos que facilitam a aprendizagem

De tudo, de qualquer situação, leitura ou pessoa, podemos extrair alguma informação ou experiência que nos pode ajudar a ampliar o nosso conhecimento, para confirmar o que já sabemos, para rejeitar determinadas visões de mundo, para incorporar novos pontos de vista.

Um dos grandes desafios para o educador é ajudar a tornar a informação significativa, a escolher as informações verdadeiramente importantes entre tantas possibilidades, a compreendê-las de forma cada vez mais abrangente e profunda e a torná-las parte do nosso referencial.

Aprendemos melhor quando vivenciamos, experimentamos, sentimos. Aprendemos quando fazemos relação, estabelecemos vínculos, laços, entre o que estava solto, caótico, disperso, integrando-o em um novo contexto, dando-lhe significado, encontrando um novo sentido.

Aprendemos quando descobrimos novas dimensões de significação que antes se nos escapavam, quando vamos ampliando o círculo de compreensão do que nos rodeia, quando, como numa cebola, vamos descascando novas camadas que antes permaneciam ocultas à nossa percepção, o que nos faz perceber de uma outra forma. Aprendemos mais quando estabelecemos pontes entre a reflexão e a ação, entre a experiência e a conceituação, entre a teoria e a prática; quando ambas se alimentam mutuamente.

Aprendemos quando equilibramos e integramos o sensorial, o racional, o emocional, o ético, o pessoal e o social.

Aprendemos pelo pensamento divergente, por meio da tensão, da busca, e pela convergência – pela organização, pela integração.

Aprendemos pela concentração em temas ou objetivos definidos ou pela atenção difusa, quando estamos de antenas ligadas, atentos ao que acontece à nossa volta. Aprendemos quando perguntamos, quando questionamos.

Aprendemos quando interagimos com os outros e o mundo e depois, quando interiorizamos, quando nos voltamos para dentro, fazendo nossa própria síntese, nosso reencontro do mundo exterior com a nossa reelaboração pessoal.

Aprendemos pelo interesse, pela necessidade. Aprendemos mais facilmente quando percebemos o objetivo, a utilidade de algo, quando isso nos traz vantagens perceptíveis. Se precisamos nos comunicar em inglês pela internet ou viajar para fora do país, o desejo de aprender inglês aumenta e facilita a aprendizagem dessa língua.

Aprendemos pela criação de hábitos, pela automatização de processos, pela repetição. Ensinar torna-se mais duradouro, quando conseguimos que os outros repitam processos desejados. Por exemplo, quando lemos textos com frequência, a leitura passa a fazer parte do nosso dia a dia. Dessa forma, nossa resistência a ler vai diminuindo.

Aprendemos pela credibilidade que alguém nos merece. A mesma mensagem dita por uma pessoa ou por outra pode ter pesos bem diferentes, dependendo de quem fala e de como o faz. Aprendemos também pelo estímulo, pela motivação de alguém que nos mostra que vale a pena investir num determinado programa, num determinado curso. Um professor que transmite credibilidade facilita a comunicação com os alunos e a disposição para aprender.

Aprendemos pelo prazer, porque gostamos de um assunto, de uma mídia, de uma pessoa. O jogo, o ambiente agradável, o estímulo positivo podem facilitar a aprendizagem.

Aprendemos mais, quando conseguimos juntar todos os fatores: temos interesse, motivação clara; desenvolvemos hábitos que facilitam o processo de aprendizagem; e sentimos prazer no que estudamos e na forma de fazê-lo.

Aprendemos realmente quando conseguimos transformar nossa vida em um processo permanente, paciente, confiante e afetuoso de aprendizagem. Processo permanente, porque nunca acaba. Paciente, porque os resultados nem sempre aparecem imediatamente e sempre se modificam. Confiante, porque aprendemos mais se temos uma atitude confiante e positiva diante da vida, do mundo e de nós mesmos. Processo afetuoso, impregnado de carinho, de ternura, de compreensão, porque nos faz avançar muito mais.

Desafios que as tecnologias digitais nos trazem

As tecnologias digitais móveis desafiam as instituições a sair do ensino tradicional, em que o professor é o centro, para uma aprendizagem mais participativa e integrada, com momentos presenciais e outros com atividades a distância, mantendo vínculos pessoais e afetivos, estando juntos virtualmente. Podemos utilizar uma parte do tempo de aprendizagem com outras formas de aulas, mais de orientação a distância. Não precisamos resolver tudo dentro da sala de aula.

As tecnologias digitais móveis provocam mudanças profundas na educação presencial e a distância. Na presencial, desenraizam o conceito de ensino-aprendizagem localizado e temporalizado. Podemos aprender desde vários lugares, ao mesmo tempo, *on-line* e *off-line*, juntos e separados. Na educação a distância, permitem o equilíbrio entre a aprendizagem individual e a colaborativa, de forma que os alunos de qualquer lugar podem aprender em grupo, em rede, da forma mais flexível e adequada para cada aluno.

A chegada das tecnologias móveis à sala de aula traz tensões, novas possibilidades e grandes desafios. As próprias palavras "tecnologias móveis" mostram a contradição de utilizá-las em um espaço fixo como a sala de aula: elas são feitas para movimentar-se, para que sejam levadas a qualquer lugar, utilizadas a qualquer hora e de muitas formas.

Como conciliar mobilidade e espaços e tempos previsíveis? Por que precisamos estar sempre juntos para aprender? A escola precisa entender que uma parte cada vez maior da aprendizagem pode ser feita sem estarmos em sala de aula e sem a supervisão direta do professor. Isso assusta, mas é um processo inevitável. Em vez de sermos contrários, por que não experimentamos modelos mais flexíveis? Por que obrigar os alunos a irem à escola todos os dias e repetirem os mesmos rituais nos mesmos lugares? Isso não faz mais sentido. A organização industrial da escola em salas, turmas e horários é conveniente para todos – pais, gestores, professores, governantes –, menos para os mais diretamente interessados, os alunos.

Com as tecnologias atuais, a escola pode transformar-se em um conjunto de espaços ricos de aprendizagens significativas, presenciais e digitais, que motivem os alunos a aprender ativamente, a pesquisar o tempo todo, a serem proativos, a saber tomar iniciativas e interagir.

As tecnologias digitais facilitam a pesquisa, a comunicação e a divulgação em rede. Temos as tecnologias mais organizadas, como os ambientes virtuais de aprendizagem – a exemplo do Moodle e semelhantes –, que permitem que tenhamos certo controle de quem acessa o ambiente e do que é preciso fazer em cada etapa de cada curso. Além desses ambientes mais formais, há um conjunto de tecnologias, que denominamos popularmente de 2.0, mais abertas, fáceis e gratuitas (*blogs, podcasts, wikis* etc.), em que os alunos podem ser os protagonistas de seus processos de aprendizagem, e que facilitam a aprendizagem horizontal, isto é, dos alunos entre si, das pessoas em redes de interesse etc. A combinação dos ambientes mais formais com os informais, feita de forma integrada, permite-nos a necessária organização dos processos com a flexibilidade da adaptação a cada aluno.

Os espaços se multiplicam, mesmo que não saiamos do lugar (múltiplas atividades diferenciadas na mesma sala). As salas de aula podem tornar-se espaços de pesquisa, de desenvolvimento de projetos, de intercomunicação *on-line*, de publicação, com a vantagem de combinar o melhor do presencial e do virtual no mesmo espaço e ao mesmo tempo. Com isso é possível pesquisar de todas as formas, utilizando todas as mídias, todas as fontes, todas as maneiras de interação. Pesquisar às vezes todos juntos, ou em pequenos grupos, ou mesmo individualmente. Pesquisar na escola ou em diversos espaços e tempos. Combinar pesquisa presencial e virtual. Relacionar os resultados, compará-los, contextualizá-los, aprofundá-los, sintetizá-los. O conteúdo pode ser disponibilizado digitalmente. Nas atividades em tempo real interessantes, predominam os desafios, os jogos, a comunicação com outros grupos.

Há uma exigência de maior planejamento pelo professor de atividades diferenciadas, focadas em experiências, pesquisa, colaboração, desafios, jogos, múltiplas linguagens, e um forte apoio de situações reais e simulações.

O conteúdo educacional – bem-elaborado, atualizado e atraente – pode ser muito útil para que professores possam selecionar materiais textuais e audiovisuais – impressos e/ou digitais – que sirvam para momentos diferentes do processo educativo: para motivar, ilustrar, contar histórias, orientar atividades, organizar roteiros de aprendizagem, elaborar avaliação formativa. Existem fundamentalmente dois tipos de professores: os que precisam ser mais monitorados e seguem mais fielmente roteiros e guias feitos por especialistas e os que utilizam esses materiais como ponto de partida para uma reelaboração criativa e personalizada.

A seleção de bons materiais é muito importante também para os alunos, que encontram validados por especialistas muitos temas e abordagens relevantes e interessantes, que seriam difíceis de encontrar de forma organizada e adequada para a etapa de desenvolvimento cognitivo em que se encontram.

A migração dos conteúdos impressos para os digitais em dispositivos móveis traz também uma diminuição do peso dos livros nas mochilas (necessária para a ergonomia dos jovens), reduz custos e o impacto ambiental.

As tecnologias cada vez mais estarão presentes na educação, desempenhando muitas das atividades que os professores sempre desenvolveram. A transmissão de conteúdos dependerá menos dos professores, porque dispomos de um vasto arsenal de materiais digitais sobre qualquer assunto. Caberá ao professor definir quais, quando e onde esses conteúdos serão disponibilizados, e o que se espera que os alunos aprendam, além das atividades que estão relacionadas a esses conteúdos. Muitos cursos, que são mais procedimentais ou de treinamento, podem estar totalmente predefinidos e ter ou não algum tipo de acompanhamento mais personalizado.

O ensino de línguas, por exemplo, começa a ser compartilhado com robôs, que trabalham com os alunos as sequências dos diálogos, de acordo com o nível no qual cada aluno se encontra e adaptando-se ao estilo preferido (por exemplo, se quer se enfatizar o inglês utilizado na Inglaterra, nos Estados Unidos ou na Austrália). O professor planeja as atividades de forma mais ampla, com o apoio direto de robôs e aplicativos móveis.

Os jogos digitais estarão cada vez mais presentes nesta geração, como atividades essenciais de aprendizagem. São jogos colaborativos, individuais, de competição, de estratégia, estimulantes e com etapas e habilidades bem-definidas.

As tecnologias móveis ampliam as possibilidades de aprender colaborativamente também do ponto de vista comercial. Muitos cursos são ofertados de forma ampla para usuários no mundo inteiro, gratuitamente. Alguns deles podem ser certificados por instituições de renome. Outros são construídos com a intensa contribuição dos alunos. Partem de uma proposta básica predefinida, que se amplia à medida que o curso avança, enriquecendo-a e transformando-a. São inúmeras as iniciativas de compartilhamento, aprendizagem informal e recursos abertos, que sinalizam um mundo com cada vez mais opções de aprender para quem tiver interesse e motivação.

O ideal é que essas tecnologias *web 2.0* – gratuitas, colaborativas e fáceis – façam parte do projeto pedagógico da instituição para serem incorporadas como parte integrante da proposta de cada série, curso ou área de conhecimento. Quanto mais a instituição incentiva o trabalho com atividades colaborativas, pesquisas, projetos, mais elas se tornarão importantes. Elas podem ser utilizadas também para produzir conteúdos interessantes e deixar para o professor o papel de organização das tarefas, de discussão, orientação e apresentação dos resultados, e de sua publicação pelos alunos. Sem dúvida, com boas propostas no começo de cada semestre, as possibilidades de motivação dos alunos e professores aumentarão.

O professor pode se basear em situações concretas, histórias, estudos de caso, vídeos, jogos, pesquisas e práticas e ir incorporando informações, reflexões e teoria a partir disso. Quanto mais novo for o aluno, mais práticas precisam ser as situações para que ele as perceba como importantes para ele. Não podemos dar tudo pronto no processo de ensino e aprendizagem. Aprender exige envolver-se, pesquisar, ir atrás, produzir novas sínteses, é fruto de descobertas. O modelo de passar conteúdo e cobrar sua devolução é insuficiente. Com tanta informação disponível, o importante para o educador é encontrar a ponte motivadora para que o aluno desperte e saia do estado passivo, de espectador. Aprender hoje é buscar, comparar, pesquisar, produzir, comunicar. Só a aprendizagem viva e motivadora ajuda a progredir. Atualmente, milhões de alunos passam de um ano para o outro sem pesquisar, sem gostar de ler, sem situações significativas vividas. Não guardam nada de interessante do que fizeram a maior parte do tempo. Há uma sensação de inutilidade em muitos conteúdos aprendidos só para livrar-se de tarefas obrigatórias. E isso chega até a universidade, tão atrasada quanto a educação básica – se não o for mais ainda. É muito tênue o que fazemos em aula para facilitar a aceitação ou provocar a rejeição. Trata-se de um conjunto de intenções, gestos, palavras e ações, que são traduzidos pelos alunos como positivos ou negativos, que facilitam a interação, o desejo de participar de um processo grupal de aprendizagem, de uma aventura pedagógica (desejo de aprender) ou, pelo contrário, que levantam barreiras, desconfianças, e que desmobilizam.

O sucesso pedagógico depende também da capacidade de expressar competência intelectual, de mostrar que conhecemos de forma pessoal determinadas áreas do saber, que as relacionamos com os interesses dos alunos, que podemos aproximar a teoria da prática e a vivência da reflexão teórica. A coerência entre o que o professor fala e o que ele faz na vida é um fator importante para o sucesso pedagógico. Se um professor une as competências intelectual, emocional e ética, ele causa um profundo impacto nos alunos. Estes estão muito atentos à pessoa do professor, e não somente ao que ele fala. A pessoa fala mais que as palavras. A junção da fala competente com a pessoa coerente é poderosa didaticamente.

As técnicas de comunicação também são importantes para o sucesso do professor. Um professor que se expressa bem, que conta histórias interessantes, que tem *feeling* para sentir o estado de ânimo da classe, que se adapta às circunstâncias, que sabe jogar com as metáforas, com o humor, que usa as tecnologias adequadamente, sem dúvida consegue bons resultados com os alunos. Os alunos gostam de um *professor que os surpreenda*, que traga novidades, que varie suas técnicas e seus métodos de organizar o processo de ensino-aprendizagem.

Os próximos passos na educação estarão cada vez mais interligados à mobilidade, à flexibilidade e à facilidade de uso que os *tablets* e iPods oferecem a um custo mais reduzido e com soluções mais interessantes, motivadoras e encantadoras. Não podemos esquecer que há usos dispersivos. É cada vez mais difícil concentrar-se em um único assunto ou texto, pela quantidade de solicitações que encontramos nas tecnologias móveis. Tudo está na tela, para ajudar e complicar, ao mesmo tempo.

Quanto mais tecnologias, maior a importância de profissionais competentes, confiáveis, humanos e criativos. A educação é um processo de profunda interação humana, com menos momentos presenciais tradicionais e múltiplas formas de orientar, motivar, acompanhar e avaliar.

Integrar as tecnologias de forma inovadora

As tecnologias digitais facilitam a pesquisa, a comunicação e a divulgação em rede. A gestão das tecnologias pelas escolas passa por três etapas, até o momento. Na primeira, as tecnologias são utilizadas para melhorar o que já se vinha fazendo, como o desempenho, a gestão, para automatizar processos e diminuir custos. Na segunda etapa, a escola insere parcialmente as tecnologias no projeto educacional. Cria uma página na internet ou um portal com algumas ferramentas de pesquisa e comunicação, divulga textos e endereços interessantes, desenvolve alguns projetos, algumas atividades no laboratório de informática, introduz aos poucos as tecnologias móveis, mas mantém intocados a estrutura de aulas, as disciplinas e os horários. Na terceira etapa, com o amadurecimento de sua implantação e o avanço da integração das tecnologias móveis, escolas e universidades repensam seu projeto pedagógico, seu plano estratégico, e introduzem mudanças metodológicas e curriculares significativas, como a flexibilização parcial do currículo, com atividades a distância combinadas às presenciais.

Os docentes podem utilizar os recursos digitais na educação, principalmente a internet, como apoio para a pesquisa, para a realização de atividades discentes, para a comunicação com os alunos e dos alunos entre si, para a integração entre grupos dentro e fora da turma, para a publicação de páginas *web*, *blogs*, vídeos, para a participação em redes sociais, entre muitas outras possibilidades.

Tecnologias para apoio à pesquisa

A *web* é uma fonte de avanços e de problemas. Podemos encontrar o que buscamos e também o que não desejamos. A facilidade traz também a multiplicidade de fontes diferentes, de graus de confiabilidade diferentes, de visões de mundo contraditórias. É difícil selecionar, avaliar e contextualizar tudo o que acessamos.

A facilidade em postar mensagens na internet é também uma das maiores fragilidades. Um texto que estava disponível ontem pode não o estar hoje. Uma página *web,* que tinha um formato, pode aparecer no dia seguinte com outro ou com outro conteúdo. Por isso, as normas bibliográficas exigem que se coloque a última data de acesso à internet nas referências.

A dificuldade de revisar as referências da *web* num livro é muito maior. E quando um *site* ou endereço muda, é quase impossível comunicá-lo rapidamente aos leitores, a não ser pela própria *web,* ou na ocasião de uma reimpressão. Convém avisar os leitores da edição impressa que podem existir endereços *web* com erros, pela alta volatilidade das informações digitais. Também é importante manter uma página digital com atualizações e correções, para diminuir os problemas ocasionados pelas súbitas mudanças nas páginas da internet. Faltam-nos campanhas educativas que esclareçam a população da fragilidade da internet, dos problemas que podem acontecer e das inconsistências mais recorrentes.

Aproveitaremos melhor o potencial da internet, se equilibrarmos a rapidez e a multiplicidade da informação com o necessário tempo de análise, decantação e reflexão; se focarmos menos a quantidade e mais a qualidade da observação, da percepção, da comunicação; se combinarmos a função de "radar" – que mapeia e descobre – com a de "focar" – que aprofunda e ilumina.

Os professores podem ajudar os alunos incentivando-os a saber perguntar, a enfocar questões importantes, a ter critérios na escolha de *sites*, de avaliação de páginas, a comparar textos com visões diferentes. Os professores podem focar mais a pesquisa do que dar respostas prontas; podem propor temas interessantes e caminhar dos níveis mais simples de investigação aos mais complexos; das páginas mais coloridas e estimulantes às mais abstratas; dos vídeos e narrativas impactantes para contextos mais abrangentes, e, assim, ajudar a desenvolver um pensamento arborescente, com sucessivas rupturas e uma contínua reorganização semântica.

É importante que alunos e professores apontem as principais questões relacionadas à pesquisa: qual seu objetivo e o nível de profundidade desejado? Quais as "fontes confiáveis" para obter as informações? Como apresentar as informações pesquisadas e indicar as fontes de pesquisa nas referências bibliográficas? Como avaliar se a pesquisa foi realmente feita ou apenas copiada?

Umas das formas de analisar a credibilidade do conteúdo da pesquisa é verificar se ele está dentro de um portal educacional, no endereço de uma universidade, de uma revista especializada ou em qualquer outro espaço acadêmico reconhecido. Também é importante verificar de quem é a autoria do artigo ou da reportagem ou a credibilidade do veículo de divulgação.

Pensando mais nos usuários jovens e adultos, Nielsen (2002, s.p.) propõe algumas características que uma página da *web* precisa apresentar para ser efetivamente lida e pesquisada:

- palavras-chave realçadas (*links* de hipertexto, tipo de fonte e cor funcionam como realce);
- subtítulos pertinentes (e não "engraçadinhos");
- listas indexadas;
- uma informação por parágrafo (os usuários provavelmente pularão informações adicionais, caso não sejam atraídos pelas palavras iniciais de um parágrafo);
- estilo de pirâmide invertida, que principia pela conclusão;
- metade do número de palavras (ou menos) do que um texto convencional.

A credibilidade é importante para os usuários da *web*, porque nem sempre se sabe quem está por trás das informações nem se a página é confiável. Pode-se aumentar a credibilidade com gráficos de alta qualidade, um texto correto e *links* de hipertexto apropriados. É importante colocar *links* que conduzam a outros *sites*, que comprovem que houve pesquisa preliminar e que deem sustentação para que os leitores possam checar as informações oferecidas.

Desenvolvimento de projetos

Além do acesso aos grandes portais de busca e de referência na educação, uma das formas mais interessantes de desenvolver projetos de pesquisa em grupo na internet é a *webquest*.[1] Esta parte de um tema e propõe uma tarefa, que envolve a consulta de fontes de informação especialmente selecionadas pelo professor. Essas fontes (também chamadas de recursos) podem ser livros, vídeos e mesmo pessoas entrevistadas, mas normalmente são *sites* ou páginas na *web*. É comum que a tarefa exija dos alunos a representação de papéis para promover o contraste de pontos de vista ou a união de esforços em torno de um objetivo.

Resolver uma *webquest* é um processo de aprendizagem interessante, porque envolve pesquisa e leitura, interação, colaboração e criação de um novo produto com base no material e nas ideias obtidas. Podem ser utilizadas diversas ferramentas, como a escrita colaborativa, o compartilhamento de ideias, a criação de um portfólio do grupo e também individual, a criação de *blogs* e *sites,* a publicação de vídeos etc. Tudo pode ser integrado e compartilhado de acordo com cada etapa do projeto.

Mapas e esquemas conceituais

Tem sido muito difundido ultimamente o uso de mapas conceituais, ou *webmaps,* nas mais diversas etapas do processo educacional. São

---

1. Uma página interessante sobre a *webquest* encontra-se em http://www.vivenciapedagogica.com.br/webquest/equipe/processo.htm.

diagramas que mostram relações entre conceitos trabalhados em uma disciplina ou em um tema de pesquisa, que contribuem para organizar os conceitos (geralmente armazenados em caixas ou círculos) e as relações entre eles.

Os mapas conceituais podem ser utilizados no planejamento e na elaboração de atividades para educação a distância, objetivando mais especificamente os seguintes tópicos:

- representação gráfica para facilitar a navegação;
- fonte inicial de consulta, uma bibliografia visual;
- mapa de um ambiente de aprendizagem;
- hipertexto visual e imagético com relações entre diversos signos;
- orientação do processo cognitivo do aprendiz;
- guia de informações relevantes para facilitar a construção do conhecimento;
- articulações tecidas e reorganizadas para facilitar a elaboração de textos. (Okada s.d.)

Um programa de construção de mapas é o CMap Tools, desenvolvido no Institute for Human and Machine Cognition, da University of West Florida, que nos permite construir mapas conceituais e publicá-los em servidores, bem como transformá-los em figuras que podem ser publicadas em páginas da internet.[2] Outro *software* interessante é o Nestor Web Cartographer, um *browser* que permite navegar na internet e registrar o caminho percorrido durante a navegação por meio de mapas. Esse *software* desenvolvido na França pelo pesquisador Romain Zeiliger oferece vários

---

2. Ver: http://cmap.ihmc.us/. Um tutorial para a criação de mapas conceituais se encontra em http://penta2.ufrgs.br/edutools/tutcmaps/tutindicecmap.htm.

recursos para organização de informações, facilitando a leitura de dados da internet e também a reescrita de novas páginas *web* para publicação na internet, inclusive comunicação síncrona e assíncrona entre usuários da internet, possibilitando também a aprendizagem colaborativa. A organização da leitura de dados da internet pode ser realizada por meio dos mapas de navegação, da classificação, ampliação e compactação de áreas do mapa, dos destaques nas páginas *web*, das palavras-chave, da inclusão de outros tipos de documentos no mapa e do guia de orientação de navegação (*tour*). A organização da reescrita pode ser efetuada com o editor de página *web*, o bloco de anotações, a área de transferência (*bag*), o histórico de palavras-chave e a agenda.[3]

Tecnologias para comunicação e publicação

Com a internet e as tecnologias móveis, *desenvolvemos formas abrangentes de comunicação*, escrita, fala e narrativa audiovisual. Fundamentalmente o que fazemos hoje na internet é escrever para fazer registros (de ideias, notícias, sentimentos), para publicar (divulgar páginas pessoais, serviços etc.) e para nos comunicar (instantaneamente ou não). O brasileiro gosta de falar, de se comunicar, de se relacionar, presencial e virtualmente. É muito ativo em listas de discussão, salas de bate-papo, programas de comunicação instantânea; em *sites* de relacionamento, como o Facebook, em *blogs* ou *videoblogs* e também pelos *podcasts*.

Com o avanço do acesso à banda larga, o *streaming* de vídeo e áudio se incorpora cada vez mais ao cotidiano. Os jovens baixam músicas e as tocam o tempo todo no celular. Acessam *shows* de bandas *on-line*, debates com jornalistas e famosos nos grandes portais. O celular serve para conversar, enviar mensagens, acessar a internet, tirar e enviar fotos. As tecnologias caminham na direção da integração, da

---

3. O *software* Nestor é gratuito e pode ser adquirido no *site*: http://www.gate.cnrs.fr/~zeiliger/nestor/nestor.htm.

instantaneidade, da comunicação audiovisual e interativa. Acontecerá nos próximos anos em grande escala na comunicação digital educacional a facilidade com que atualmente repórteres e apresentadores de televisão se veem, conversam e compartilham simultaneamente uma mesma tela a distância.

Há um campo enorme de possibilidades de comunicação entre pessoas, grupos pequenos e grandes na educação e na vida. Há tecnologias de comunicação instantânea, em tempo real, e tecnologias de comunicação flexível, livre, em que cada um se expressa no momento mais oportuno, e que podem ser muito úteis na comunicação escolar.

Atualmente, com a *web 2.0*, temos muitas tecnologias simples, baratas e colaborativas, como o *blog*, o Wiki ou o Google Docs, o Twitter, o Facebook e o *podcast*. Essas tecnologias permitem que professores e alunos sejam produtores e divulgadores de suas pesquisas e projetos, de formas muito ricas e estimulantes.

Professores e alunos podem criar sua página com todos os recursos integrados. Nela, o professor pode disponibilizar seus materiais: textos, apresentações, vídeos, grupos de discussão, compartilhamento de documentos, *blogs* etc. Com isso, ele pode diminuir o tempo dedicado a passar informações, a dar aulas expositivas, concentrando-se em atividades mais criativas e estimulantes, como as relativas a contextualização, interpretação, discussão e realização de novas sínteses.

Os *blogs* na educação

Os *blogs* (ou *videologs*) são utilizados mais pelos alunos do que pelos professores, principalmente como espaço de divulgação pessoal, de demonstração da identidade, onde se misturam narcisismo e exibicionismo, em diversos graus. Atualmente, há um uso crescente de *blogs* por professores de vários níveis de ensino, incluindo o universitário. Eles permitem a atualização constante da informação, pelo professor e pelos alunos, favorecem a construção de projetos e pesquisas, individuais e em grupo, e a divulgação de trabalhos. Possibilitam que os docentes acompanhem o progresso de cada aluno, nas ideias e na exposição escrita destas. Com a crescente utilização de imagens, sons e vídeos, os *videologs* são cada vez mais importantes na educação e se integram a outras ferramentas tecnológicas de gestão pedagógica.

A possibilidade de os alunos se expressarem, de tornarem suas ideias e pesquisas visíveis, confere uma dimensão mais significativa aos trabalhos e às pesquisas acadêmicos. "Os *weblogs* abrem espaço para a consolidação de novos papéis para alunos e professores no processo de ensino-aprendizagem, com uma atuação menos diretiva destes e mais participante de todos" (Gutierrez, *apud* Bertocchi 2005). A professora Gutierrez lembra que os *blogs* registram a concepção do projeto e os detalhes de todas as suas fases, o que incentiva e facilita os trabalhos interdisciplinares e transdisciplinares. "Pode-se, assim, dar alternativas interativas e suporte a projetos que envolvam a escola, e até famílias e comunidade" (*ibidem*). Os *blogs* também são importantes para aprender a pesquisar colaborativamente e publicar os resultados.

Há diferentes tipos de *blogs* educacionais: discussão de estudos de caso, projetos, produção de textos, narrativas, poemas, análise de obras literárias, opinião sobre atualidades, relatórios de visitas e excursões de estudos, publicação de fotos, desenhos e vídeos produzidos por alunos.

Os professores podem se comunicar diretamente com os alunos, mostrando-lhes materiais, discutindo-os com eles, divulgando novas questões. Os alunos, individualmente, em grupos ou por classes, vão construindo, assim, seu processo de aprendizagem. Os *blogs* são importantes para avaliar o percurso dos alunos ao longo de um determinado tempo ou em determinadas áreas de conhecimento.

A produção compartilhada

A organização dos textos pode ser feita por meio de algumas ferramentas colaborativas, como o Wiki ou o Google Docs, que são *softwares* que permitem a edição coletiva dos documentos usando um sistema simples de escrita e sem que o conteúdo tenha que ser *revisado* antes da sua publicação. A maioria dos *wikis* é aberta a todo o público ou pelo menos a todas as pessoas que têm acesso ao servidor *wiki*.[4]

A internet tem hoje inúmeros recursos que combinam publicação e interação, por meio de listas, fóruns, *chats*, *blogs*, *wikis*.

O Wiki ou o Google Docs permite que várias pessoas, mesmo que geograficamente distantes, trabalhem em um mesmo texto, criando e editando conjuntamente conteúdos na internet. Não há uma hierarquia preestabelecida entre autores: qualquer usuário pode adicionar conteúdos e também editar os conteúdos inseridos por outras pessoas.

Além do direito ilimitado de edição, a vantagem é a possibilidade de trabalhar em um documento sem a necessidade de baixá-lo para o computador, editá-lo e enviá-lo novamente. Tudo é realizado *on-line*. O sistema controla todas as alterações, que ficam gravadas em um histórico. Dessa forma, é possível retornar a uma versão anterior ou recuperar algo que foi excluído por engano.

O Wiki e o Google Docs são importantes para a construção de ideias e para a escrita colaborativa, objetivando melhorar o que os outros colegas fizeram. Podem contribuir para o amadurecimento da classe, uma vez que permitem que todos os alunos aprendam entre si. O professor pode ver o crescimento do grupo, analisando as diferentes versões de um projeto ou texto.

---

4. Ver: http://pt.wikipedia.org/wiki/Wiki.

Os *podcasts* – programas digitais de áudio/vídeo – na educação

Outro recurso popular na educação é a criação de arquivos digitais sonoros, programas de rádio na internet ou *podcasts*. São arquivos digitais, que se assemelham a programas de rádio e podem ser baixados da internet usando a tecnologia Real Simple Syndication (RSS), que "avisa" quando há um novo episódio colocado na rede e permite que ele seja baixado para o computador. Há *podcasts* em todas as áreas.

O *podcast* (programa de áudio ou também de vídeo digital) envolve produção, transmissão e distribuição na internet de arquivos de áudio ou vídeo que podem ser ouvidos ou vistos em aparelhos móveis, como MP3, telefones celulares (iPhone, iPod, por exemplo), computadores pessoais ou *tablets*, como o iPad e outros. A utilização mais promissora do *podcast* acontece quando os alunos produzem seus próprios programas e projetos e os divulgam. Participar como produtores de informação é muito mais importante para os alunos do que só acessar materiais prontos, mesmo que bem-elaborados. E como o *podcast* está no cotidiano dos jovens e para eles sua linguagem é familiar e habitual, não há necessidade de capacitá-los com uma formação específica, como acontece no momento de se trabalhar em ambientes virtuais de aprendizagem, como o Moodle, por exemplo. Além disso, a linguagem do *podcast* é muito mais estimulante para o aluno do que só fazer leituras ou ouvir um professor, além de permitir que a própria aula seja gravada, disponibilizando-a na internet para *download* quando os alunos assim o desejarem.[5]

---

5. Hoje há muita divulgação sobre *podcast* ou qualquer tecnologia na internet, principalmente em *blogs* de alguns professores. Recomendo o artigo sobre *podcast* da Wikipédia em português, para começar, cujo endereço é: http://pt.wikipedia.org/wiki/Podcast. Ao digitar no Google "Como fazer um *podcast*", aparecem muitas dicas práticas de construção do *podcast*. Um exemplo é este *blog* sobre educação ambiental, com muitas dicas e endereços de *podcasts* no Brasil: http://podcast-educacao-ambiental.blogspot.com/.

O *podcast* não pode ser pensado como uma ferramenta única ou prioritária, mas como uma ferramenta de produção, comunicação e publicação integrada. Nessa perspectiva, ele é fantástico, porque permite produzir e gravar áudio e/ou vídeo de forma bastante econômica e distribuí-lo de forma barata e customizada, isto é, adaptada às possibilidades e necessidades de cada aluno. Principalmente o *podcast* no formato vídeo é fundamental para o professor comunicar-se com os alunos, para gravar os conteúdos mais significativos, as orientações principais. Hoje a aula precisa de uma produção mais acurada (*podcast*) e de uma comunicação em tempo real (em sala ou *on-line*) para tirar dúvidas, aprofundar questões, debates etc. A combinação de *podcast* com a comunicação *off-line* e *on-line* é muito rica para a aprendizagem. O *podcast,* nas suas variáveis com som e vídeo sob demanda, pode ser muito importante para tornar a aprendizagem mais interessante, fácil, rica e econômica, liberando os professores da rotina da transmissão do conteúdo para que se concentrem na mediação e na orientação efetivas dadas a seus alunos.

O ideal é que o *podcast* faça parte do planejamento da disciplina ou do módulo e que ele seja utilizado de forma criteriosa para provocar maior motivação e adesão pelos alunos. Ele deve ser planejado para produzir conteúdos interessantes (entrevistas, depoimentos) que podem ser acessados ou baixados quando for conveniente. Os alunos também podem apresentar os resultados de suas pesquisas num *podcast* ou na página pessoal.

Os cursos de língua portuguesa e línguas estrangeiras são os mais indicados para começar a utilizar os *podcasts*, mas qualquer área de conhecimento é indicada para fazê-lo também.

A utilização criativa do vídeo

Uma parte importante da produção e da publicação digital de *podcasts* se faz no formato específico de vídeo. Crianças e jovens gostam de assistir a vídeos sobre os assuntos da aula e de contar, eles mesmos, histórias, utilizando desde recursos simples, como os celulares, até gravações mais profissionais. As histórias com som e imagem são cada vez mais populares e fáceis de produzir e veicular. Qualquer um pode ser produtor e divulgador de materiais audiovisuais. A escola ainda não acordou para a importância do incentivo ao vídeo, tanto institucional como didático.

Algumas formas interessantes de utilização dos vídeos – Começar por vídeos mais *simples*, mais fáceis, e exibir depois vídeos mais *complexos* e difíceis, tanto do ponto de vista temático quanto técnico. Pode-se partir de vídeos do YouTube, do Portal do Professor, de vídeos próximos à sensibilidade dos alunos, vídeos mais atraentes, e deixar para depois a exibição de vídeos mais artísticos e elaborados.

Para motivar e sensibilizar os alunos – Do meu ponto de vista, é o uso mais importante na escola. Um bom vídeo é interessantíssimo para introduzir um assunto novo e despertar a curiosidade e a motivação para novos temas. Isso facilita o desejo de pesquisa nos alunos para aprofundar o assunto do vídeo e da matéria.

Para ilustrar, contar, mostrar e tornar próximos temas complicados – O vídeo muitas vezes ajuda a mostrar o que se fala em aula, a compor cenários desconhecidos dos alunos. Por exemplo, um vídeo que exemplifica como eram os romanos na época de Júlio César ou de Nero, mesmo que não seja totalmente fiel, ajuda a situar os alunos no tempo histórico. Um vídeo traz para a sala de aula realidades distantes dos alunos, como, por exemplo, a Amazônia ou a África. A vida se aproxima da escola por meio do vídeo.

Como vídeo ou webaulas – Alguns vídeos trazem assuntos já preparados para os alunos e organizados como conteúdos didáticos, utilizando técnicas interessantes para manter o interesse destes, como dramatizações, depoimentos, cenas de filmes, jogos, tempo para atividades. Eles podem ser adequados para que o professor não tenha que explicar determinados assuntos. O vídeo permite ao professor agir com questionamentos, problematizações, discussões, elaboração de sínteses, aplicados no dia a dia escolar.

Como produção de histórias – Hoje é muito fácil produzir vídeo valendo-se de programas simples como o Picasa, do Google, o Movie Maker ou o Jumpcut, um editor de vídeo *on-line* gratuito muito interessante.[6]

Há programas como o Ustream que permitem que cada um transmita do seu celular ou computador ao vivo como se fosse uma emissora de TV e que deixe gravados seus programas para quem quiser assistir posteriormente.

Os celulares mais avançados, como os *smartphones*, permitem que um aluno ou um professor filmem ao vivo, editem cada vídeo rapidamente e o enviem ao YouTube ou a outro *site*, como o Ustream, imediatamente. É muito fácil, rápido e divertido ser produtor e transmissor de vídeo digital com tecnologias móveis hoje. As escolas não estão aproveitando todo o potencial que essas tecnologias trazem para que os alunos se transformem em autores, narradores, contadores de histórias e divulgadores.

Os jovens adoram fazer vídeo, e a escola precisa incentivar ao máximo a produção de pesquisas em vídeo pelos alunos. A produção em vídeo tem uma dimensão moderna, lúdica. Moderna, como um meio contemporâneo, novo, que integra linguagens. Lúdica, pela miniaturização da câmera, que permite brincar com a realidade, levá-la junto para qualquer lugar. Filmar é uma das experiências mais envolventes, tanto para as crianças como para os adultos. Os alunos podem ser incentivados a produzir dentro de uma determinada matéria ou dentro de um trabalho

---

6. Ver: http://www.slideshare.net/marygrace/produo-de-vdeo-na-educao.

interdisciplinar. E também produzir programas informativos, feitos por eles mesmos, e colocá-los em lugares visíveis na escola e em horários predefinidos para que muitas crianças possam vê-los.

O vídeo pode ser planejado como documentação, registro de eventos, aulas, estudos do meio, experiências, entrevistas, depoimentos. Isso facilita o trabalho do professor, dos alunos e dos futuros alunos. O professor deve poder documentar o que é mais importante para o seu trabalho, ter o seu próprio material de vídeo, assim como tem os seus livros e apostilas para preparar as suas aulas. O professor deverá estar atento para gravar o material audiovisual mais utilizado, para não depender sempre do empréstimo ou do aluguel dos mesmos programas. Além da produção, o professor deve discutir, comentar e aprofundar os múltiplos significados e valores que cada material audiovisual traz para o cotidiano da escola, para cada assunto do programa de uma disciplina, para a avaliação de projetos, para a discussão de como a TV se comunica.

Há inúmeros aplicativos, programas e recursos que podem ser utilizados de forma criativa e inovadora. O papel do educador é fundamental se agrega valor ao que o aluno sozinho consegue fazer com a tecnologia; e o aluno aprende mais se, na interlocução com o educador e seus colegas, consegue avançar muito mais do que se aprendesse sozinho. As tecnologias estão cada vez mais próximas do professor e do aluno, em qualquer momento; são mais ricas, complexas, atraentes. Exigem um profissional mais interessante que elas, mais competente que elas. Caso contrário, os alunos sempre encontrarão uma forma de lhe dar as costas e de considerar o papel desse professor irrelevante, o que é muito triste e, infelizmente, costuma acontecer com frequência.

Integrar os meios de comunicação na escola

Antes de a criança chegar à escola, já passou por processos de educação importantes: pelo familiar e pela mídia eletrônica. No ambiente familiar, mais ou menos rico cultural e emocionalmente, a criança vai desenvolvendo as suas conexões cerebrais, os seus roteiros mentais, emocionais e suas linguagens. Os pais, principalmente a mãe, facilitam ou complicam, com suas atitudes e formas de comunicação mais ou menos maduras, o processo de aprender a aprender dos seus filhos.

A criança também é educada pela mídia, principalmente pela televisão. Aprende a informar-se, a conhecer – os outros, o mundo, a si mesma –, a sentir, a fantasiar, a relaxar, vendo, ouvindo, "tocando" as pessoas na tela, pessoas estas que lhe mostram como viver, ser feliz e infeliz, amar e odiar. A relação com a mídia eletrônica é prazerosa – ninguém obriga que ela ocorra; é uma relação feita por meio da sedução, da emoção, da exploração sensorial, da narrativa –, aprendemos vendo as histórias dos outros e as histórias que os outros nos contam. Mesmo durante o período escolar a mídia mostra o mundo de outra forma – mais fácil, agradável, compacta –, sem precisar fazer esforço. Ela fala do cotidiano, dos sentimentos, das novidades. A mídia continua educando como contraponto à educação convencional, educa enquanto estamos entretidos. Há muitas escolhas, e a televisão é cada vez mais interativa.

Os meios de comunicação, principalmente o cinema e a televisão, desenvolvem formas sofisticadas multidimensionais de comunicação sensorial, emocional e racional, superpondo linguagens e mensagens que facilitam a interação com o público. A TV fala primeiro do "sentimento" – o que você "sentiu", não o que você conheceu; as ideias estão embutidas na roupagem sensorial, intuitiva e afetiva.

Os meios de comunicação operam imediatamente com o sensível, o concreto, principalmente a imagem em movimento. Combinam a dimensão espacial com a cinestésica, onde o ritmo torna-se cada vez mais alucinante (como nos videoclipes). Ao mesmo tempo utilizam a linguagem conceitual, falada e escrita, mais formalizada e racional. Imagem, palavra e música integram-se dentro de um contexto comunicacional afetivo, de forte impacto emocional, que facilita e predispõe a aceitar mais facilmente as mensagens.

A eficácia de comunicação dos meios eletrônicos, em particular da televisão, deve-se também à capacidade de articulação, de superposição e de combinação de linguagens totalmente diferentes – imagens, falas, música, escrita – com uma narrativa fluida, uma lógica pouco delimitada, gêneros, conteúdos e limites éticos pouco precisos, o que lhes permite alto grau de entropia, de interferências por parte de concessionários, produtores e consumidores.

A televisão combina imagens estáticas e dinâmicas, imagens ao vivo e gravadas, imagens de captação imediata, imagens referenciais (registradas diretamente com a câmera) com imagens criadas por um artista no computador. Junta imagens sem ligação referencial (não relacionadas com o real) com imagens "reais" do passado (arquivo, documentários) e mistura-as com imagens "reais" do presente e imagens do passado não "reais".

A imagem na televisão, no cinema e no vídeo é sensorial, sensacional e tem um grande componente subliminar, isto é, passa muitas informações que não captamos claramente.

O olho nunca consegue captar toda a informação. Então escolhe um nível que dê conta do essencial, do suficiente para dar um sentido ao caos, de organizar a multiplicidade de sensações e dados. Foca a atenção, em alguns aspectos analógicos, nas figuras destacadas, nas que se movem, e com isso conseguimos acompanhar uma história. Mas deixamos de lado inúmeras informações visuais e sensoriais, que não são percebidas conscientemente. A força da linguagem audiovisual está no fato de ela conseguir dizer muito mais do que captamos, de ela chegar simultaneamente por muitos mais caminhos do que conscientemente percebemos e de encontrar dentro de nós uma repercussão em imagens básicas, centrais, simbólicas, arquetípicas, com as quais nos identificamos ou que se relacionam conosco de alguma forma.

É uma comunicação poderosa, como nunca antes tivemos na história da humanidade, e as novas tecnologias de multimídia e realidade virtual só estão tornando esse processo de simulação muito mais exacerbado, explorando-o até limites inimagináveis.

A organização da narrativa televisiva, principalmente a visual, não se baseia somente – e muitas vezes não primordialmente – na lógica convencional, na coerência interna, na relação causa-efeito, no princípio de não contradição, mas numa lógica mais intuitiva, mais conectiva. Imagens, palavras e música vão se agrupando segundo critérios menos rígidos, mais livres e subjetivos dos produtores que pressupõem um tipo de lógica da recepção também menos racional, mais intuitiva.

Um dos critérios principais é a contiguidade à justaposição por algum tipo de analogia, de associação por semelhança ou por oposição, por contraste. Ao colocar pedaços de imagens ou cenas juntas, em sequência, criam-se novas relações, novos significados, que antes não existiam e que passam a ser considerados aceitáveis, "naturais", "normais". Colocando, por exemplo, várias matérias em sequência, num mesmo bloco e em dias sucessivos – como se fossem capítulos de uma novela –, sobre o assassinato de uma pessoa famosa, ou de várias crianças, ou outros crimes semelhantes, multiplica-se a reação de indignação da população, o seu desejo de vingança. Isso favorece os defensores da pena de morte, o que não estava explícito nas reportagens e talvez nem fosse a intenção dos produtores.

A televisão estabelece uma conexão aparentemente lógica entre mostrar e demonstrar. Mostrar é igual a demonstrar, a provar, a comprovar. A força da imagem é tão evidente que se torna difícil não fazer essa associação comprobatória ("se uma imagem me impressiona, é verdadeira"). Também é muito comum a lógica de generalizar com base em uma situação concreta. Do individual, tendemos ao geral. Uma situação isolada converte-se em situação paradigmática, padrão. A televisão, principalmente, transita continuamente entre as situações concretas e a generalização. Mostra dois ou três escândalos na família real inglesa e tira conclusões sobre o valor e a ética da realeza.

Ao mesmo tempo, o não mostrar equivale a não existir, a não acontecer. O que não se vê perde existência. Um fato mostrado com imagem e palavra tem mais força que se for mostrado somente com palavra. Muitas situações importantes do cotidiano perdem força por não terem sido valorizadas pela imagem-palavra televisiva.

A educação escolar precisa compreender e incorporar mais as novas linguagens, desvendar os seus códigos, dominar as possibilidades de expressão e as possíveis manipulações. É importante educar para usos democráticos, mais progressistas e participativos das tecnologias, que facilitem a evolução dos indivíduos.

Se a educação fundamental é feita pelos pais e pela mídia, urgem ações de apoio aos pais para que incentivem a aprendizagem dos filhos desde o começo de suas vidas, por meio do estímulo, das interações, do afeto. Quando a criança chega à escola, os processos fundamentais de aprendizagem já estão desenvolvidos de forma significativa. Urge também a educação para as mídias, para compreendê-las, criticá-las e utilizá-las da forma mais abrangente possível.

Integrar a televisão e o vídeo na educação escolar

O vídeo está umbilicalmente ligado à televisão, à internet e a um contexto de lazer, de entretenimento, que passa imperceptivelmente para a sala de aula. Vídeo, na cabeça dos alunos, significa descanso e não "aula", o que modifica a postura, as expectativas em relação ao seu uso. Precisamos aproveitar essa expectativa positiva para atrair o aluno para os assuntos do nosso planejamento pedagógico. Mas, ao mesmo tempo, devemos saber que necessitamos prestar atenção para estabelecer novas pontes entre o vídeo e as outras dinâmicas da aula.

A televisão e o vídeo partem do concreto, do visível, do imediato, do próximo – daquilo que toca todos os sentidos. Mexem com o corpo, com a pele – nos tocam e "tocamos" os outros, estão ao nosso alcance por meio dos recortes visuais, do *close*, do som estéreo envolvente. Pela TV e pelo vídeo sentimos, experienciamos sensorialmente o outro, o mundo, nós mesmos.

Televisão e vídeo exploram também – e basicamente – o ver, o visualizar, o ter diante de nós as situações, as pessoas, os cenários, as cores, as relações espaciais (próximo/distante, alto/baixo, direita/esquerda, grande/pequeno, equilíbrio/desequilíbrio). Desenvolvem um ver entrecortado – com múltiplos recortes da realidade – mediante planos, e muitos ritmos visuais: imagens estáticas e dinâmicas, câmera fixa ou em movimento, uma ou várias câmeras, personagens quietos ou movendo-se, imagens ao vivo, gravadas ou criadas no computador. Um ver que está situado no presente, mas que o interliga não linearmente com o passado e com o futuro.

O ver está, na maior parte das vezes, apoiando o falar, o narrar, o contar histórias. A fala aproxima o vídeo do cotidiano, de como as pessoas se comunicam habitualmente. Os diálogos expressam a fala coloquial, enquanto o narrador (normalmente em *off*) "costura" as cenas, as outras falas, dentro da norma culta, orientando a significação do conjunto. A narração falada ancora todo o processo de significação.

A música e os efeitos sonoros servem como evocação, lembrança (de situações passadas), de ilustração – associados a personagens do presente, como nas telenovelas – e de criação de expectativas, antecipando reações e informações.

A televisão, o cinema e o vídeo são também escrita. Os textos, as legendas, as citações aparecem cada vez mais na tela, principalmente nas traduções (legendas de filmes) e nas entrevistas com estrangeiros. Hoje, graças ao *closed caption* – que permite colocar na tela textos coloridos, de vários tamanhos e com rapidez, fixando ainda mais a significação atribuída à narrativa falada –, a escrita na tela tornou-se fácil.

Televisão, cinema e vídeo são sensoriais, visuais, linguagem falada, linguagem musical e escrita. Linguagens que interagem superpostas, interligadas, somadas, não separadas. Daí a sua força. Atingem-nos por todos os sentidos e de todas as maneiras. Televisão, cinema e vídeo nos seduzem, informam, entretêm, projetam em outras realidades (no imaginário), em outros tempos e espaços.

Televisão, cinema e vídeo combinam a comunicação sensorial-cinestésica, com a audiovisual, a intuição com a lógica, a emoção com a razão. Integração que começa pelo sensorial, pelo emocional e pelo intuitivo, para atingir posteriormente o racional.

Televisão, cinema e vídeo encontraram a fórmula de comunicar-se com a maioria das pessoas, tanto crianças como adultos. O ritmo torna-se cada vez mais alucinante (por exemplo nos videoclipes). A lógica da narrativa não se baseia necessariamente na causalidade, mas na contiguidade, em colocar um pedaço de imagem ou história ao lado da outra. A sua retórica conseguiu encontrar fórmulas que se adaptam perfeitamente à sensibilidade do homem contemporâneo. Usam uma linguagem concreta, plástica, de cenas curtas, com pouca informação de cada vez, com ritmo acelerado e contrastado, multiplicando os pontos de vista, os cenários, os personagens, os sons, as imagens, os ângulos, os efeitos.

Os temas são pouco aprofundados, explorando os ângulos emocionais, contraditórios, inesperados. Passam a informação em pequenas doses (de forma compacta), organizadas em forma de mosaico (rápidas sínteses de cada assunto) e com apresentação variada (cada tema dura pouco e é ilustrado).

As mensagens dos meios audiovisuais exigem pouco esforço e envolvimento do receptor. Este tem cada vez mais opções, mais possibilidades de escolha (controle remoto, canais por satélite, por cabo, escolha de filmes em vídeo). Começamos a ter maior possibilidade de interação: televisão bidirecional, jogos interativos, navegação pelas imagens e por bancos de dados da internet, acesso à internet pela televisão e realização de inúmeros serviços virtuais na tela: compras, comunicação, aulas. A possibilidade de escolha e participação e a liberdade de canal e acesso facilitam a relação do espectador com os meios.

As linguagens da TV, do cinema, do vídeo e da internet respondem à sensibilidade dos jovens e da grande maioria da população adulta. São dinâmicas, dirigem-se antes à afetividade do que à razão. O jovem lê o que pode visualizar, precisa ver para compreender. Toda a sua fala é mais sensorial-visual do que racional-abstrata. Ele lê, vendo.

A linguagem audiovisual desenvolve múltiplas atitudes perceptivas: solicita constantemente a imaginação e reinveste a afetividade com um papel de mediação primordial no mundo, ao passo que a linguagem escrita desenvolve mais o rigor, a organização, a abstração e a análise lógica.

Cada vez mais as mídias se multiplicam, se popularizam e se integram. Muitos programas de TV se encontram no YouTube, há inúmeros canais só na internet, e a TV é cada vez mais participativa. Televisão e internet se aproximam e dialogam finalmente. A escola precisa partir de onde os alunos estão, do que eles preferem, da relação que estabelecem com as mídias, para ajudá-los a ampliar sua visão de mundo, sua visão crítica e seu senso estético. A grande vantagem agora é que qualquer um pode ser não só consumidor, mas produtor. Todos podem expressar-se, emitir sua opinião, criar canais de comunicação facilmente, reservando-se às mensagens mais bem-avaliadas grande divulgação e penetração entre o público. As escolas precisam também aprender a divulgar nos canais de internet e a mostrar os melhores trabalhos e projetos desenvolvidos por seus alunos. Para quem viveu a escassez de opções de TV nas primeiras décadas, a situação atual é oposta. São tantas as opções, que as mensagens se pulverizam, se dispersam e se multiplicam ininterruptamente. É muito mais complexo hoje concentrar-se, focar o principal, saber escolher e avaliar a diversidade de visões que chegam até nós e de valores que nos são transmitidos.

Algumas questões interessantes e problemáticas que as tecnologias digitais colocam à educação

Ensinar utilizando as tecnologias traz uma série de desafios cada vez mais complexos. De um lado, temos mais informação, variedade de materiais, canais, aplicativos, recursos. Essa variedade exige capacidade de escolha, avaliação e concentração. As tecnologias digitais, principalmente as redes sociais, podem nos ajudar ou nos atrapalhar. É muito fácil nos distrair, passear pelas telas, pelas imagens, sem que haja tempo para focar o essencial, para ler com atenção, para compreender em profundidade. O maior perigo de todos é navegar muito e conhecer pouco de verdade; distrair-nos muito e concentrar-nos pouco; saber um pouco de tudo e não compreender os fenômenos de verdade. Nunca tivemos tantas facilidades, mas elas podem complicar o processo, tanto em nível institucional como pessoal.

Diante de tantas possibilidades de busca, a própria navegação torna-se mais sedutora do que o necessário trabalho de interpretação. Alunos e professores tendem a dispersar-se diante de tantas conexões possíveis, de endereços dentro de outros endereços, de imagens, textos e mensagens, que se sucedem e se intercomunicam ininterruptamente nas múltiplas telas dos diversos recursos móveis que temos à disposição. Tendemos a visualizar e guardar muitas imagens, textos e vídeos, que formam um mosaico multicolorido e caótico.

É mais atraente navegar, descobrir coisas novas, do que analisá-las, compará-las, separando o que é essencial do acidental, hierarquizando ideias, assinalando coincidências e divergências. Por outro lado, isso reforça uma atitude consumista diante de tantas informações que nos chegam, produzimos e intercambiamos. Ver equivale, na cabeça de muitos, a compreender, e há um certo ver superficial, rápido, guloso, sem o devido tempo de reflexão, de aprofundamento, de cotejamento com outras leituras. Os alunos impressionam-se primeiro com as telas, jogos ou aplicativos mais bonitos, mais em moda, mais bem-ranqueados ou "curtidos". Há uma sobre-exposição da vida pessoal, do banal, de interação superficial com centenas ou milhares de "amigos virtuais". Dispersão, superficialidade, perda de tempo e dependência são fenômenos em ascensão num mundo mais conectado e móvel. E aprender implica ampliar a percepção, a reflexão, a avaliação e a aplicabilidade do que é significativo, do que pode nos ajudar a crescer. É necessário parar, refletir, comparar, rever. O movimento feérico das cascatas de mensagens nos inebria, mas pode nos anestesiar para grandes voos, para a visão em profundidade, para grandes sínteses.

A internet é uma mídia que facilita a motivação dos alunos, pela novidade e pelas possibilidades inesgotáveis de pesquisa que oferece. Essa motivação aumenta se o professor cria um clima de confiança, de abertura, de cordialidade com os alunos. Mais que a tecnologia, o que facilita o processo de ensino-aprendizagem é a capacidade de comunicação autêntica do professor de estabelecer relações de confiança com os seus alunos, pelo equilíbrio, pela competência e pela simpatia com que atua.

As tecnologias móveis, bem-utilizadas, facilitam a interaprendizagem, a pesquisa em grupo, a troca de resultados, ao mesmo tempo em que facilitam as trocas banais, o narcisismo, o querer aparecer, o consumismo fútil. Elas podem ajudar a desenvolver a intuição, a flexibilidade mental, a adaptação a ritmos diferentes. A intuição, porque as informações vão sendo descobertas por acerto e erro, por conexões "escondidas". As conexões não são lineares, vão "linkando-se" por hipertextos, textos, sons e imagens interconectados, com inúmeras possibilidades de visualização e decodificação. Desenvolvem a flexibilidade, a adaptação a novas situações, informações, emoções. Cada um pode construir trilhas fascinantes de aprendizagem, que, na troca, iluminam múltiplos caminhos. Infelizmente, muitos se perdem na dispersão superficial da banalidade repetitiva.

As tecnologias móveis abrem os horizontes do mundo, as janelas da escola para a vida, a comunicação com múltiplos grupos por afinidade, independentemente de onde cada um esteja. As redes sociais hiperbolizam as trocas, a exposição, a publicação, a comunicação. Há um pulsar virtual muito rico e incessante, que estimula e dificulta, facilita e complica. Tudo está no virtual, tudo fica registrado, tudo pode ser compartilhado: o interessante, o problemático e o banal.

O perigo está no encantamento que as tecnologias mais novas exercem em muitos (jovens e adultos), no uso mais para entretenimento do que pedagógico e na falta de planejamento das atividades didáticas. Sem planejamento adequado, as tecnologias dispersam, distraem e podem prejudicar os resultados esperados. Sem a mediação efetiva do professor, o uso das tecnologias na escola favorece a diversão e o entretenimento, e não o conhecimento.

Mudanças necessárias na educação presencial

Viveremos nestes próximos anos um rico processo de aprendizagem na sala de aula focando mais a pesquisa em tempo real, as atividades individuais e grupais *on-line*, mudando lentamente as metodologias de transmissão para as da aprendizagem colaborativa e personalizada. Aos poucos perceberemos que não faz sentido confinar os alunos na sala de aula para aprender. Podemos organizar uma parte importante do currículo no ambiente digital e combiná-lo com as atividades em sala de aula de forma que o projeto pedagógico de cada curso integre o presencial e o digital como componentes curriculares indissociáveis. O digital não será um acessório complementar, mas um espaço de aprendizagem tão importante como o da sala de aula. Evitaremos a esquizofrenia atual de manter o mesmo número de aulas presenciais de sempre e ainda pedir para professores e alunos que utilizem o ambiente digital como repositório de materiais, espaço de debate e de publicação.

A sala de aula pode transformar-se em um ambiente de começo e de finalização de atividades de ensino-aprendizagem, intercalado com outros tempos em que os alunos participam de atividades externas – pesquisa, projetos –, muitas delas no ambiente digital.

Com tantos recursos digitais, podemos combinar atividades integradas dentro e fora da sala de aula. A informação, a pesquisa, o desenvolvimento de atividades deveriam ser feitos virtualmente. E deixar para a sala de aula a discussão, a apresentação dos resultados, o aprofundamento das questões.

Cada professor e cada aluno podem criar sua página com todos os recursos integrados. Nela, o professor pode disponibilizar seus materiais: textos, apresentações, vídeos, grupos de discussão, compartilhamento de documentos, *blogs* etc. Com isso, ele pode diminuir o tempo de transmissão de informações e as aulas expositivas, concentrando-se em atividades mais criativas e estimulantes, como as de contextualização, interpretação, discussão e novas sínteses.

Ao deixar disponível o material no ambiente digital, o professor pode focar mais os pontos críticos, estimular a pesquisa, trabalhar com desafios, projetos, que podem ser realizados dentro e fora da instituição, equilibrando a colaboração e o trabalho em grupo com atividades mais personalizadas.

Quando focamos mais a aprendizagem dos alunos do que o ensino, a publicação da produção deles se torna fundamental. Recursos como o portfólio, onde os alunos organizam o que produzem e o disponibilizam para consultas, são cada vez mais utilizados. *Blogs*, textos colaborativos (Google Docs), YouTube, Twitter são recursos muito interativos de publicação com possibilidade de fácil atualização e participação de terceiros.

O sistema bimodal, semipresencial – parte presencial e parte a distância –, mostra-se o mais promissor para o ensino nos diversos níveis, principalmente no superior. Combina o melhor da presença física com situações em que a distância pode ser mais útil, na relação custo-benefício. Nos cursos presenciais, poderíamos flexibilizar a relação presencial-digital de forma progressiva, criando a cultura do digital, ensinando professores e alunos a aprender em ambientes virtuais e integrando as atividades presenciais e a distância de forma mais inteligente. Tudo o que é informação pode ser disponibilizado no ambiente virtual, reservando, assim, os momentos presenciais para aprofundamento, debate, contextualização, remissão de dúvidas e elaboração de sínteses.

Alguns princípios metodológicos norteadores

- Integrar tecnologias, metodologias, atividades. Integrar texto escrito, comunicação oral, escrita hipertextual, multimidiática, digital. Aproximar as mídias, as atividades, possibilitando que transitem facilmente de um meio a outro, de um formato a outro. Experimentar as mesmas atividades em diversas mídias. Trazer o universo do audiovisual para dentro da escola.
- Conectar todos os espaços e elaborar políticas de capacitação dos professores, gestores, funcionários e alunos para a inserção das tecnologias no ensino e na aprendizagem de forma inovadora, coerente e enriquecedora. Os projetos pedagógicos precisam refletir essa integração horizontal e vertical com o currículo.
- Variar a forma de dar aula, as técnicas usadas em sala de aula e fora dela, as atividades solicitadas, as dinâmicas propostas, o processo de avaliação. A previsibilidade do que o docente vai fazer pode tornar-se um obstáculo intransponível. A repetição pode tornar-se insuportável, a não ser que a qualidade do professor compense o esquema padronizado de ensinar...
- Planejar e improvisar, prever e ajustar-se às circunstâncias, ao novo. Diversificar, mudar, adaptar-se continuamente a cada grupo, a cada aluno, quando necessário.

- Valorizar a presença no que ela tem de melhor e a comunicação virtual no que ela nos favorece. Equilibrar a presença e a distância, a comunicação "olho no olho" e a telemática.

Ambientes acolhedores, aconchegantes, afetivos, equipados. Salas de aula multifuncionais, que se modificam rapidamente para diferentes atividades. Salas de aula conectadas com tecnologias móveis. Escola que equilibra atividades presenciais e virtuais, tecnologias simples e tecnologias digitais, onde se aprende também em casa, no bairro, nas comunidades de prática, nas redes sociais, com ativa participação dos pais.

Materiais disponíveis e apreendidos de múltiplas formas, com técnicas diferentes, atrativas, simples e complexas. Escola que estimula leituras variadas de diferentes textos mediante diversas formas: impressos, digitais, multimídia; simples e complexos; com histórias e conceitos; multitextos significativos contextualizados, compartilhados, reinterpretados, coproduzidos, presencial e digitalmente, publicados, vivenciados.

Conteúdos articulados a muitos desafios, projetos inovadores, com muita ênfase em pesquisa, compartilhamento, discussão, produção, sínteses, práticas refletidas, colaborativas, com flexibilidade de espaços e tempos, de momentos presenciais e virtuais, com atividades grupais e individuais, com bastante *feedback*, atenção e cuidado.

Podemos pensar em *cursos cada vez mais personalizados, mais adaptados a cada aluno ou a grupos de alunos*. Cursos com materiais audiovisuais e atividades bem-planejadas e produzidas, que depois são oferecidos no ritmo de cada aluno, sob a supervisão de um professor orientador ou de uma pequena equipe, que colocam esse aluno em contato com grupos em estágios de aprendizagem semelhantes. Os professores agirão muito mais como tutores, como acontece hoje na pós-graduação. Acompanham o percurso dos alunos a eles confiados e monitoram os projetos pedagógicos dos alunos individualmente e também em grupo; os supervisionam e gerenciam para que obtenham os melhores resultados. Os professores mapeiam a pesquisa, as atividades. Marcam algumas reuniões presenciais e outras virtuais. Trabalham de forma integrada com outros colegas nos mesmos projetos. O currículo é muito mais livre, escolhido de comum acordo entre alunos, professores e instituição. Há alguns momentos comuns presenciais e/ou virtuais (totalmente audiovisuais e interativos), mas, na maior parte do tempo, o processo é virtual e em tempos diferenciados.

Tudo isso exige uma pedagogia muito mais flexível, integradora e experimental diante de tantas situações novas que começamos a enfrentar.

A educação a distância como opção estratégica

A educação a distância (EaD), antes vista como uma modalidade secundária ou especial para situações específicas, destaca-se hoje como um caminho estratégico para realizar mudanças profundas na educação. É uma opção cada vez mais importante para aprender ao longo da vida, para a formação continuada, para a aceleração profissional, para conciliar estudo e trabalho.

Ainda há resistências e preconceitos e ainda estamos aprendendo a gerenciar processos complexos de EaD, mas um país do tamanho do Brasil só pode conseguir superar sua defasagem educacional pelo uso intensivo de tecnologias em rede, pela flexibilização dos tempos e espaços de aprendizagem e pela gestão integrada de modelos presenciais e digitais.

A educação a distância está modificando todas as formas de ensinar e aprender, inclusive as presenciais, que começam a utilizar cada vez mais metodologias semipresenciais, flexibilizando a necessidade de presença física, reorganizando os espaços e os tempos, as mídias, as linguagens e os processos.

A EaD é cada vez mais complexa, porque está crescendo em todos os campos, com modelos diferentes, rápida evolução das redes, mobilidade tecnológica, pela abrangência dos sistemas de comunicação digitais.

Temos a EaD com alta escalabilidade, que se expande nacional e internacionalmente, atendendo cada vez mais alunos, em mais cidades, perto de onde o aluno está. Elabora e desenvolve modelos adaptados a um grande número de alunos, com variedade de oferta e custos diluídos. Esse é o caminho de alguns poucos grandes grupos e marcas, que detêm mais da metade de todos os alunos.

As características desse modelo de massa são: quantidade, escalabilidade, atendimento a muitos ao mesmo tempo, abrangência nacional e internacional, produto interessante para a maioria, bem dimensionado e aceito, preço baixo, fortes ações de captação e *marketing*.

Temos também a EaD para atendimento de segmentos específicos, regionais ou temáticos. As instituições atuam em áreas com competência comprovada. Focam públicos definidos. É a opção viável para a maior parte das instituições.

Mudanças perceptíveis na educação a distância

– Maior "presencialidade" digital, audiovisual, seja ao vivo, como teleaula, ou em gravação em *webaula*. Os modelos vencedores mostram muito mais o professor, criam vínculos com a sua imagem e a sua palavra.

– Maior flexibilidade de processos, comunicação quando necessário, equilíbrio entre o percurso pessoal e a interação grupal. Integração de ambientes formais digitais, que permitem o controle acadêmico, com ferramentas abertas, redes sociais.

– Produção digital predominante, *e-books* com toda a riqueza de vínculos, imagens, vídeos, conexões, mobilidade. A migração

para o digital, mesmo num país com tantas contradições, é inexorável, pelo barateamento de custos, diminuição de custos com transporte, facilidade de atualização.
- Avaliação digital, nos momentos presenciais exigidos. É complicado, caro e inseguro realizar as avaliações presenciais em papel e enviá-las pelo correio para serem corrigidas na sede da instituição. Como até o momento há uma exigência legal de avaliação presencial no Brasil nos cursos superiores autorizados, a avaliação pode ser feita com provas digitais feitas em laboratório, com supervisão de tutores presenciais e programas de segurança e identificação dos alunos. Podem ser aplicadas diferentes provas, de um banco de questões, com o mesmo grau de dificuldade.

Podemos avançar muito na personalização das propostas, mais abertas, com forte aprendizagem colaborativa, em redes flexíveis e respeitando o percurso de cada um. Em cursos de longa duração, como os de graduação, o aluno poderia ter seu orientador, como acontece na pós-graduação. Esse orientador seria o principal interlocutor responsável pela trajetória do aluno, com ele definiria as disciplinas mais adequadas, as atividades mais pertinentes, os projetos mais relevantes. Teremos cursos mais síncronos e outros mais assíncronos, alguns com muita interação e outros com roteiros predeterminados, uns com mais momentos presenciais, outros acontecendo na *web*. Essa flexibilidade de processos e modelos é fundamental para avançar mais, para nos adequar às inúmeras possibilidades e necessidades de formação contínua de todos.

Estamos diante de muitas mudanças, em uma fase em que temos de repensar a educação, em todos os níveis, e a legislação da educação a distância é bastante detalhista e restritiva. Precisamos ter sensibilidade legal para evitar uma asfixia burocrática numa fase de grandes mudanças e ao mesmo tempo sinalizar alguns limites para cada momento histórico.

Estamos numa área onde conceitos como o de espaço, tempo, presença (física/virtual) são muito mais complexos e exigem uma atenção redobrada para superar modelos convencionais, que costumam servir como parâmetro para avaliar situações novas.

A caminho da integração entre presencial e a distância

Para que as grandes e pequenas instituições possam continuar no ensino superior, é importante que assumam o mesmo modelo de currículo e oferta na modalidade presencial e de EaD. Que elaborem um projeto estratégico único e integrado, que permita a sinergia entre equipes, metodologias, conteúdo, infraestrutura e *marketing*.

O caminho é o da convergência em todos os campos e áreas: prédios (EaD também dentro de unidades presenciais – polos); integração de plataformas digitais; produção digital de conteúdo integrada (os mesmos materiais para as mesmas disciplinas do mesmo currículo).

Isso favorece a mobilidade de alunos e professores. Alunos podem migrar de uma modalidade a outra sem problemas e fazer algumas disciplinas comuns – alunos a distância e presenciais cursando disciplinas comuns. Professores podem participar das duas modalidades e ter maior carga docente. Isso permite maior interoperabilidade de processos, pessoas, produtos e metodologias, com grande escalabilidade, visibilidade e redução de custos. Os alunos poderão escolher o modelo que mais lhes convier, aprenderão mais, e as instituições poderão oferecer um ensino de qualidade, moderno e dinâmico, a um custo competitivo.

Infelizmente predomina ainda, na maioria das instituições, a inércia de repetir ano após ano os mesmos modelos de organizar os processos acadêmicos, os currículos, a forma de dar aula, de avaliar. As mudanças são mais pontuais e periféricas do que profundas.

A conjugação de inovação e redução de custos é poderosa e possível. As instituições que implantam um modelo que equilibre economia com inovação serão vencedoras e avançarão muito mais rapidamente do que as que continuam repetindo, ano após ano, o modelo convencional.[7]

Novos desafios para os educadores

As mudanças que estão acontecendo na sociedade, mediadas pelas tecnologias em rede, são de tal magnitude que implicam, a médio prazo, reinventar a educação, em todos os níveis e de todas as formas.

Aos poucos a escola se tornará mais flexível, aberta, inovadora. Será mais criativa e menos cheia de imposições e obrigações. Diminuirá sensivelmente a obrigação de todos precisarem aprender as mesmas coisas no mesmo espaço, ao mesmo tempo e do mesmo jeito.

Toda sociedade será uma sociedade que aprende de inúmeras formas, em tempo real, com vastíssimo material audiovisual disponível. Será uma aprendizagem mais tutorial, de apoio, de ajuda. Será uma aprendizagem entre pares, entre colegas, e entre mestres e discípulos conectados, em rede, que trocam informações, experiências, vivências. Aprenderemos em qualquer lugar, a qualquer hora, com tecnologias móveis poderosas, instantâneas, integradas, acessíveis. Não precisaremos ir a lugares específicos, o tempo todo. Iremos para alguns contatos iniciais e para a avaliação final. O restante do tempo, estaremos conectados audiovisual e interativamente, quando o quisermos, com quem quisermos. Haverá formas de acelerar o acesso à informação

---

7. Esses temas são mais aprofundados no meu livro *A educação que desejamos: Novos desafios e como chegar lá,* da Papirus Editora (5ª ed., 2011). Disponibilizei outros textos sobre os temas deste capítulo em minha página *web*: http://www.eca.usp.br/prof/moran.

(implantes e outros recursos que a nanotecnologia nos promete). Haverá máquinas inteligentes (robôs, em muitos aspectos mais inteligentes que os humanos). Por isso, é impossível antecipar a educação do futuro, mas podemos apontar alguns caminhos que nos ajudarão a mudar radicalmente o panorama tão conservador e massificado que ainda temos atualmente.

Viveremos nestes próximos anos um rico processo de aprendizagem na sala de aula, focando mais a pesquisa em tempo real, as atividades individuais e grupais *on-line*, mudando lentamente as metodologias de transmissão para as da aprendizagem colaborativa e personalizada. Aos poucos, perceberemos que não faz sentido confinar os alunos na sala de aula para aprender. Podemos organizar uma parte importante do currículo no ambiente digital e combiná-lo com as atividades em sala de aula de forma que o projeto pedagógico de cada curso integre o presencial e o digital como componentes curriculares indissociáveis. O digital não será um acessório complementar, mas um espaço de aprendizagem tão importante como o da sala de aula. Evitaremos a esquizofrenia atual de manter o mesmo número de aulas presenciais de sempre e ainda pedir para professores e alunos que utilizem o ambiente digital como repositório de materiais, espaço de debate e de publicação.

Com o tempo fará sentido para a maioria repensar os horários, os espaços e as formas de organizar os processos de ensino e aprendizagem. É uma questão de amadurecimento e de profundo intercâmbio de experiências para construir propostas mais arrojadas, testadas e aceitas. Demorará mais do que gostaríamos, mas a chegada das tecnologias móveis às salas de aula é como um cavalo de Troia. Em curto prazo, parece que não haverá muitas mudanças; mas, em médio prazo, ela nos obrigará a reorganizar o tempo, o espaço e a forma de ensinar e aprender. Os desafios que vislumbramos são fascinantes.

Na sociedade conectada, todos estamos reaprendendo a conhecer, a nos comunicar, a ensinar; reaprendendo a integrar o humano e o tecnológico; a integrar o individual, o grupal e o social.

É importante conectar sempre o ensino com a vida do aluno. Chegar ao aluno por todos os caminhos possíveis: pela experiência, pela imagem, pelo som, pela representação (dramatizações, simulações), pela multimídia, pela interação *on-line* e *off-line*.

Partir de onde o aluno está. Ajudá-lo a ir do concreto ao abstrato, do imediato ao contextual, do vivencial ao intelectual. Professores, diretores e administradores terão de estar permanentemente integrados ao processo de atualização, por meio de cursos virtuais, de redes sociais significativas, participando de projetos colaborativos dentro e fora das instituições em que trabalham.

Tanto nos cursos mais presenciais como nos cursos mais a distância, teremos de aprender a lidar com a informação e o conhecimento de formas novas, pesquisando muito e comunicando-nos constantemente. Isso nos fará avançar mais rapidamente na compreensão integral dos assuntos específicos, integrando-os num contexto pessoal, emocional e intelectual mais rico e transformador. Assim poderemos aprender a mudar nossas ideias, nossos sentimentos e nossos valores onde isso se fizer necessário.

Ensinar não é só falar, mas se comunicar com credibilidade. É falar de algo que conhecemos intelectual e vivencialmente e que, pela interação autêntica, contribua para que os outros e nós mesmos avancemos no grau de compreensão do que existe.

Ensinaremos melhor se mantivermos uma atitude inquieta, humilde e confiante para com a vida, para com os outros e para com nós mesmos, tentando sempre aprender, comunicar e praticar o que percebemos até onde nos for possível em cada momento. Isso nos dará muita credibilidade, uma das condições fundamentais para que o ensino aconteça. Se inspirarmos credibilidade, poderemos ensinar de forma mais fácil e abrangente. A credibilidade depende de continuar mantendo a atitude honesta e coerente de investigação e de comunicação, algo não muito fácil numa sociedade ansiosa por novidades e onde há formas de comunicação dominadas pelo *marketing*, mais do que pela autenticidade.

Educadores entusiasmados atraem, contagiam, estimulam, tornam-se próximos da maior parte dos alunos. Mesmo que não concordemos com todas as suas ideias, respeitamo-los.

As primeiras reações que o bom professor/educador desperta no aluno são confiança, credibilidade, admiração e entusiasmo. Isso facilita enormemente o processo de ensino-aprendizagem. É importante sermos professores/educadores com um amadurecimento intelectual, emocional e comunicacional que facilite todo o processo de organização da aprendizagem. Pessoas abertas, sensíveis, humanas, que valorizem mais a busca que o resultado pronto, o estímulo que a repreensão, o apoio que a crítica, capazes de estabelecer formas democráticas de pesquisa e de comunicação, que desenvolvam formas de comunicação coerentes, abertas, confiantes.

Na educação, escolar ou organizacional, precisamos de pessoas que sejam competentes em determinadas áreas do conhecimento, em comunicar e gerenciar os conteúdos aos seus alunos, mas também que saibam interagir de forma mais rica, profunda, vivencial, facilitando a compreensão e a prática de formas autênticas de viver, sentir, aprender e comunicar-se. Ao educarmos, facilitamos, num clima de confiança, interações pessoais e grupais que ajudam a construir um referencial rico de conhecimento, valores e práticas.

Necessitamos de muitas pessoas abertas, evoluídas e confiáveis nas organizações e nas escolas, que modifiquem as estruturas arcaicas e autoritárias do ensino – escolar e gerencial. Só pessoas livres, autônomas – ou em processo de libertação – podem educar para a liberdade, para a autonomia, com vistas a transformar a sociedade. Só pessoas que buscam evoluir, no intuito de serem mais livres, merecem ser chamadas de educadoras.

Faremos com as tecnologias mais avançadas o mesmo que fazemos conosco, com os outros, com a vida. Se somos pessoas abertas, iremos utilizá-las para nos comunicarmos mais, para interagirmos melhor. Se somos pessoas fechadas, desconfiadas, utilizaremos as tecnologias de forma defensiva, medrosa. Se somos pessoas autoritárias, utilizaremos as tecnologias para controlar e aumentar o nosso poder. Se somos pessoas superficiais e fúteis, ampliaremos o grau de dispersão, exibicionismo e banalidade. O poder de interação não está fundamentalmente nas tecnologias, mas em nossa mente.

Ensinar com as novas mídias será uma revolução se mudarmos simultaneamente os paradigmas convencionais da educação escolar, que mantêm distantes professores e alunos. Caso contrário, só conseguiremos dar-lhe um verniz de modernidade, sem mexer no essencial. A internet e as tecnologias digitais móveis trazem desafios fascinantes, ampliando as possibilidades e os problemas, num mundo cada vez mais complexo e interconectado, que sinaliza mudanças muito profundas na forma de ensinar e aprender, formal e informalmente, ao longo de uma vida cada vez mais longa.

Referências bibliográficas

BERTOCCHI, Sônia (2005). Blogs como ferramentas pedagógicas. [Disponível na internet: http://www.ead.sp.senac.br/newsletter/agosto05/destaque/destaque.htm, acesso em 20/2/2013.]

NIELSEN, Jacob (2002). Como os usuários lêem na web. *Revista eletrônica Conecta*, n. 4, fev. [Disponível na internet: http://www.revistaconecta.com/conectados/nielsen_como_usuarios.htm, acesso em 24/2/2013.]

OKADA, Alexandra (s.d.). WebMaps: Um guia para construção do conhecimento em ambientes virtuais de aprendizagem. [Disponível na internet: http://www.abed.org.br/congresso2002/trabalhos/texto01.htm, acesso em 20/2/2013.]

ROGERS, Carl (1992). *Um jeito de ser*. São Paulo: EPU.

ROSENFELD, Marina (2004). "Guru" de recursos humanos critica escolas. [Disponível na internet: http://www2.uol.com.br/aprendiz/noticias/congressos/id200504_02.shtml, acesso em 20/2/2013.]

Textos complementares do autor

MORAN, José Manuel (2007). *Desafios na comunicação pessoal*. 3ª ed. São Paulo: Paulinas.

_____ (2008). "A educação a distância e os modelos educacionais na formação dos professores". *In*: BONIN, Iara *et al*. *Trajetórias e processos de ensinar e aprender: Políticas e tecnologias*. Porto Alegre: Edipucrs, cap. 4, pp. 245-259.

_____ (2009). "Modelos e avaliação do ensino superior a distância no Brasil". *ETD: Educação Temática Digital*, v. 10, pp. 54-70.

_____ (2010). "A gestão da educação a distância no Brasil". *In*: MILL, Daniel e PIMENTEL, Nara (orgs.). *Educação a distância: Desafios contemporâneos*. São Carlos: Ed. da UFSCar.

_____ (2011). *A educação que desejamos: Novos desafios e como chegar lá*. 5ª ed. Campinas: Papirus.

VALENTE, José e MORAN, José (2011). *Educação a distância: Pontos e contrapontos*. Org. Valéria Amorim Arantes. São Paulo: Summus.

Página *web*: http://www.eca.usp.br/prof/moran

Blog: http://moran10.blogspot.com

2
PROJETOS DE APRENDIZAGEM COLABORATIVA NUM PARADIGMA EMERGENTE

Marilda Aparecida Behrens

As perspectivas para o século XXI indicam a educação como pilar para alicerçar os ideais de justiça, paz, solidariedade e liberdade. As transformações econômicas, políticas e sociais pelas quais o mundo vem passando são reais e irreversíveis. A humanidade tem sido desafiada a testemunhar duas transições importantes que afetam profundamente a sociedade: o advento da sociedade do conhecimento e a globalização.

A acelerada mudança em todos os níveis leva a ponderar sobre uma educação planetária, mundial e globalizante. Educar nesse tempo de mundialização instiga a refletir sobre o processo de globalização que tem passado a integrar os sistemas financeiros, econômicos, políticos e sociais das nações. Esse contexto torna as nações cada vez mais interdependentes e inter-relacionadas e, ao mesmo tempo, mais dependentes de uma estrutura econômica com uma versão neoliberal. Paralelamente, ocorre a transição da sociedade industrial, voltada para a produção de bens materiais, para a sociedade do conhecimento, voltada para a produção intelectual com uso intensivo de tecnologias.

O processo de mudança paradigmática atinge todas as instituições, e em especial a educação e o ensino nos diversos níveis, inclusive e principalmente nas universidades. O advento dessas mudanças exige da população uma aprendizagem constante. As pessoas precisam estar preparadas para aprender ao longo da vida podendo intervir, adaptar-se e criar novos cenários.

O novo paradigma de ciência sustentado pelo advento da física quântica tornou-se fato marcante no século XX, em especial nas últimas décadas, com o desmoronamento da proposição newtoniana-cartesiana. Neste momento histórico, a tradicional visão cartesiana, que acompanhou todas as áreas do conhecimento no século XIX e grande parte do século XX, não dá mais conta das exigências da comunidade científica e da formação acadêmica dos estudantes exigida na sociedade moderna. A proposição mecanicista e reducionista que levou à fragmentação – à divisão – é um procedimento advindo do pensamento newtoniano-cartesiano, que vem sendo superado pelo paradigma da sociedade do conhecimento que propõe a totalidade.

A Era das Relações (Moraes 1997) exige conexão, inter-relacionamento, interconexão, visão de rede, de sistemas integrados. Em suma, trata-se de reconectar o conhecimento que foi fragmentado em partes e reassumir o todo. A visão de superar não é fazer desaparecer, mas progredir na reaproximação do todo. "Pois o todo está em cada uma das partes, e, ao mesmo tempo, o todo é qualitativamente diferente do que a soma das partes" (Cardoso 1995, p. 49).

Trata-se da crise e da superação da matriz epistemológica cartesiana. O paradigma positivista acentuado pela visão newtoniana-cartesiana, que enseja a racionalidade, a objetividade, a separatividade, a decomposição do todo em partes fragmentadas, impulsionou para uma formação acadêmica reducionista. Outro agravante desse paradigma conservador da ciência, acentuado pelo advento do mundo globalizado e do pensamento neoliberal, redundou na formação sectária, competitiva e individualista, que, em nome da técnica e do capital, parece perder muito da função de buscar formar homens responsáveis, sensíveis e que venham buscar o sentido da vida, do destino humano e de uma sociedade justa e igualitária. Nesse contexto, Régnier (1995, p. 3) alerta:

> Em meio a uma crise global, de tão graves proporções, muito se fala ultimamente em diferentes instâncias das sociedades modernas, em mudança de paradigma como reconhecimento da necessidade premente de construção de um novo modelo que, para além dos limites da racionalidade científica, crie as condições propícias a uma aliança entre ciência e consciência, razão e intuição, progresso e evolução, sujeito e objeto, de tal forma que seja possível o estabelecimento de uma nova ordem planetária.

O clima de revolução científica, epistemológica, cultural e tecnológica, gerado pelo esgotamento do velho paradigma, tem como ênfase a profunda contradição entre o imenso avanço da tecnologia e o trágico destino da maior parte da humanidade.

O advento da economia globalizada e a forte influência dos avanços dos meios de comunicação e dos recursos de informática aliados à mudança de paradigma da ciência não comportam um ensino nas universidades que se caracterize por uma prática pedagógica conservadora, repetitiva e acrítica.

As exigências de uma economia globalizada afetam diretamente a formação dos profissionais em todas as áreas do conhecimento. Torna-se relevante alertar que o profissional esperado para atuar na sociedade contemporânea exige hoje uma formação qualitativa diferenciada do que se tem ofertado em um grande número de universidades. O Fórum dos Pró-Reitores de Graduação das Universidades Brasileiras, em 1999, com base em um trabalho coletivo, construiu a proposta de um Plano Nacional de Graduação, no qual alerta:

Por um lado, o papel da universidade relacionado à formação profissional necessita de uma redefinição que possibilite acompanhar a evolução tecnológica que define os contornos do exercício profissional contemporâneo, considerando a formação acadêmica como tarefa que se realiza, necessariamente, em tempo diferente daquele em que acontecem as inovações. A este dado se acrescenta um outro, o fato de que não se concebe mais um exercício profissional homogêneo durante o período de vida útil. (Plano Nacional de Graduação 1999, p. 7)

As mudanças desencadeadas pela sociedade do conhecimento têm desafiado as universidades no sentido de oferecer uma formação compatível com as necessidades deste momento histórico. A visão de terminalidade oferecida na graduação precisa ser ultrapassada, pois vem gerando uma crise significativa nos meios acadêmicos. Crise alimentada pela falsa ideia de que, ao terminar o curso, o aluno está preparado para atuar plenamente na profissão. O novo desafio das universidades é instrumentalizar os alunos para um processo de educação continuada que deverá acompanhá-lo em toda sua vida. Nessa perspectiva, o professor precisa repensar sua prática pedagógica, conscientizando-se de que não pode absorver todo o universo de informações e passar essas informações para seus alunos. Um dos maiores impasses sofridos pelos docentes é justamente a dificuldade de ultrapassar a visão de que podia ensinar tudo aos estudantes. O universo de informação ampliou-se de maneira assustadora nestas últimas décadas, portanto o eixo da ação docente precisa *passar do ensinar* para *enfocar o aprender* e, principalmente, *o aprender a aprender*.

Nesse contexto, cabe a recomendação:

> Do ponto de vista da Graduação em particular, a formação para o exercício de uma profissão em uma era de rápidas, constantes e profundas mudanças requer, necessariamente, atenta consideração por parte das universidades. A decorrência normal deste processo parece ser a adoção de nova abordagem, de modo a ensejar aos egressos a capacidade de investigação e a de "aprender a aprender". Este objetivo

exige o domínio dos modos de produção do saber na respectiva área, de modo a criar as condições necessárias para o permanente processo de educação continuada. (Plano Nacional de Graduação 1999, p. 7)

A produção do saber nas áreas do conhecimento demanda ações que levem o professor e o aluno a buscar processos de investigação e pesquisa. O fabuloso acúmulo da informação em todos os domínios, com um real potencial de armazenamento, gera a necessidade de aprender a acessar as informações. O acesso ao conhecimento e, em especial, à rede informatizada desafia o docente a buscar nova metodologia para atender às exigências da sociedade. Em face da nova realidade, o professor deverá ultrapassar seu papel autoritário, de dono da verdade, para se tornar um investigador, um pesquisador do conhecimento crítico e reflexivo. O docente inovador precisa ser criativo, articulador e, principalmente, parceiro de seus alunos no processo de aprendizagem. Nessa nova visão, o professor deve mudar o foco do ensinar para reproduzir conhecimento e passar a preocupar-se com o aprender e, em especial, o "aprender a aprender", abrindo caminhos coletivos de busca e investigação para a produção do seu conhecimento e do seu aluno.

Por sua vez, o aluno precisa ultrapassar o papel de passivo, de escutar, ler, decorar e de repetidor fiel dos ensinamentos do professor e tornar-se criativo, crítico, pesquisador e atuante, para produzir conhecimento. Em parceria, professores e alunos precisam buscar um processo de auto-organização para acessar a informação, analisar, refletir e elaborar com autonomia o conhecimento. O volume de informações não permite abranger todos os conteúdos que caracterizam uma área do conhecimento. Portanto, professores e alunos precisam aprender a aprender como acessar a informação, onde buscá-la e o que fazer com ela.

Não se trata de formar os alunos tendo em vista um pensamento oportunista e neoliberal que venha atender somente às exigências do mercado de trabalho, mas de buscar uma formação sintonizada que venha prepará-los para conquistar uma melhor qualidade de vida. Nesse contexto, além de se tornar um profissional competente, precisa tornar-se cidadão crítico, autônomo e criativo, que saiba solucionar problemas, e que com iniciativa própria saiba questionar e transformar a sociedade. Em busca dessa transformação, o aluno deve ser sujeito histórico do seu próprio ambiente, buscando desenvolver a consciência crítica que leve a trilhar caminhos para a construção de um mundo melhor.

O professor precisa refletir e realinhar sua prática pedagógica no sentido de criar possibilidades para instigar a aprendizagem do aluno. O foco passa da ênfase do ensinar para a ênfase do aprender. O processo educativo em todos os níveis – e em especial no nível da graduação nas universidades – deve propor o desenvolvimento de competências para atuar em relação às circunstâncias com que possam se defrontar.

Na verdade, espera-se que os docentes universitários possam contemplar dois polos em suas práticas pedagógicas: formar para a cidadania, como sujeito histórico e transformador da sociedade, e contribuir para a produção do conhecimento compatível com o desenvolvimento tecnológico contemporâneo. Nesse contexto, "enquanto participante do desenvolvimento tecnológico ela [a universidade] será, ao mesmo tempo, crítica do modelo econômico globalizado e parceira do setor produtivo. Enquanto promotora da cidadania universal, orientará parte significativa de sua produção de saber pelos interesses sociais mais amplos da sociedade" (Plano Nacional de Graduação 1999, p. 7). Portanto, cabe à universidade oferecer situações de aprendizagem com uma formação humanística compatível com as exigências do mundo contemporâneo.

Trata-se de aliar a formação ético-humanística aos desafios tecnológicos-científicos, sob pena de construir uma sociedade produtiva e, ao mesmo tempo, agressiva, racional e desumana, acentuando os problemas e as injustiças sociais. O homem precisa se apropriar da técnica e colocá-la a seu serviço, buscando uma melhor qualidade de vida para si e para seus semelhantes. O inegável desenvolvimento científico e tecnológico leva a refletir sobre a dicotomia homem-máquina. Essa questionável relação precisa adquirir sentido e significado, observando-se, criteriosamente, os impactos das tecnologias sobre a sociedade e sobre a cultura. A tecnologia precisa ser contemplada na prática pedagógica do professor, a fim de instrumentalizá-lo a agir e interagir no mundo com critério, com ética e com visão transformadora.

A era digital e a aprendizagem colaborativa

Os alunos, habituados a frequentar as aulas sentados, enfileirados e em silêncio, terão que enfrentar uma nova postura nestas próximas décadas. O paradigma antigo era baseado na transmissão do professor, na memorização dos alunos e numa aprendizagem competitiva e individualista.

No paradigma tradicional, a linguagem oral e a escrita são contempladas num processo de repetição que leva a decorar datas, números, fórmulas, enfim, dados que muitas vezes não têm significado para os alunos no processo de aprendizagem.

Os estudantes traduzem o que conseguiram reter ou decorar e, ao longo do tempo, essas informações são esquecidas. O professor, muitas vezes ingenuamente, julga que o ensino se consolida pela quantidade de informações que são explicadas para serem decoradas. Por sua vez, os alunos reclamam que, mesmo dominando as informações, não conseguem aplicá-las a uma situação concreta. Aqui caberia indagar: Por que gastar tanta energia ensinando, se os alunos não estão aprendendo?

O desafio imposto aos docentes é mudar o eixo do ensinar para optar pelos caminhos que levem ao aprender. Na realidade, torna-se essencial que professores e alunos estejam num permanente processo de aprender a aprender.

O desejo de mudança da prática pedagógica se amplia na sociedade da informação quando o docente depara com uma nova categoria do conhecimento, denominada digital. Segundo Pierre Lévy (1993), o conhecimento poderia ser apresentado de três formas diferentes: a oral, a escrita e a digital. Embora as três formas coexistam, torna-se essencial reconhecer que a era digital vem se apresentando com uma significativa velocidade de comunicação. Nesse processo de enfrentamento oriundo do avanço da tecnologia, a escola não passa impune. Como alerta Kenski (1998, p. 61):

> O estilo digital engendra, obrigatoriamente, não apenas o uso de novos equipamentos para a produção e apreensão de conhecimento, mas também novos comportamentos de aprendizagem, novas racionalidades, novos estímulos perceptivos. Seu rápido alastramento e multiplicação, em novos produtos e em novas áreas, obriga-nos a não mais ignorar sua presença e importância.

O reconhecimento da era digital como uma nova forma de categorizar o conhecimento não implica descartar todo o caminho trilhado pela linguagem oral e escrita, nem mistificar o uso indiscriminado de computadores no ensino, mas enfrentar com critério os recursos eletrônicos como ferramentas para construir processos metodológicos mais significativos para aprender.

A *linguagem digital*, segundo Pierre Lévy (1999a), apresenta-se nas novas tecnologias eletrônicas de comunicação e na rede de informação. O paradigma na *era digital*, na sociedade da informação, enseja uma prática docente assentada na construção individual e coletiva do conhecimento.

Em tal situação, o professor precisa saber que pode romper barreiras mesmo dentro da sala de aula, criando possibilidades de encontros *presenciais* e *virtuais* que levem o aluno a acessar as informações disponibilizadas no universo da sociedade do conhecimento. A rede informatizada contempla o registro e a manipulação dinâmica das informações escritas, sonoras e visuais combinadas. O docente precisa servir-se da informática como instrumento de sua prática pedagógica, consciente de que a lógica do consumo não pode ultrapassar a lógica da produção do conhecimento. Nessa ótica, o computador e a rede devem estar a serviço da escola e da aprendizagem.

A abertura de novos horizontes mais aproximados da realidade contemporânea e das exigências da sociedade do conhecimento depende de uma reflexão crítica do papel da informática na aprendizagem e dos benefícios que a era digital pode trazer para o aluno como cidadão.

Para romper com o conservadorismo, o professor deve levar em consideração que, além da *linguagem oral* e da *linguagem escrita* que acompanham historicamente o processo pedagógico de ensinar e aprender, é necessário considerar também a *linguagem digital*. Nesse processo de incorporação, ele precisa propor novas formas de aprender e de saber se apropriar criticamente de novas tecnologias, buscando recursos e meios para facilitar a aprendizagem. Portanto, o professor, ao propor uma metodologia inovadora, precisa levar em consideração que a tecnologia digital possibilita o acesso ao mundo globalizado e à rede de informação disponível em todo o universo. A sala de aula passa a ser um *locus* privilegiado como ponto de encontro para acessar o conhecimento, discuti-lo, depurá-lo e transformá-lo. As proposições pedagógicas se ampliam, pois como Kenski (1998, p. 64) alerta:

> A tecnologia digital rompe com a narrativa contínua e seqüencial das imagens e textos escritos e se apresenta como um fenômeno descontínuo. Sua temporalidade e espacialidade, expressas em imagens e textos nas telas, estão diretamente relacionadas ao momento de sua apresentação. Verticais, descontínuos, móveis e imediatos, as imagens e os textos digitalizados a partir da conversão das informações em *bytes* têm o seu próprio tempo, seu próprio espaço fenomênico da exposição. Eles representam portanto um outro tempo, um outro momento revolucionário, na maneira de pensar e de compreender.

Os alunos passam a ser descobridores, transformadores e produtores do conhecimento. A qualidade e a relevância da produção dependem também dos talentos individuais dos alunos que passam a ser considerados portadores de inteligências múltiplas. Inteligências que vão além das linguísticas e do raciocínio matemático que a escola vem oferecendo. Como parceiros, professores e alunos desencadeiam um processo de aprendizagem cooperativa para buscar a produção do conhecimento.

O desafio do professor, ao propor sua ação docente, será levar em consideração e contemplar as oito inteligências, denominadas por Gardner (1994) de: espacial, interpessoal, intrapessoal, cinestésico-corporal, linguística ou verbal, lógico-matemática, musical e naturalista. Além do desenvolvimento das *inteligências múltiplas*, é fundamental pensar nas oportunidades de desenvolver a *inteligência emocional* (Goleman 1996), necessária para desencadear a formação do cidadão. Segundo Tijiboy *et al.* (1998, p. 2), "acredita-se que hoje em dia, além da expressão verbal e escrita e do raciocínio matemático (habilidades tradicionalmente consideradas essenciais), faz-se necessário o desenvolvimento de novas habilidades ou talentos que incluem a fluência tecnológica, a capacidade de resolver problemas e os '3 c's' – *comunicação, colaboração* e *criatividade*". A inteligência emocional alicerça os processos interativos de comunicação, colaboração e criatividade indispensáveis ao novo profissional esperado para atuar na sociedade do conhecimento. A formação inovadora exigida para atuação em todas as áreas do conhecimento demanda trabalho coletivo, discussão em grupo, espírito de entreajuda, cooperação, contribuição e parcerias. Para desenvolver esses processos, há necessidade de as universidades oferecerem uma prática pedagógica que propicie a conquista dessa nova proposição a partir da sala de aula.

A abordagem pedagógica que valorize a aprendizagem colaborativa depende dos professores e dos gestores da educação, que deverão tornar-se sensíveis aos projetos criativos e desafiadores. Redimensionar a metodologia oferecida dentro da sala de aula demanda contemplar atividades que ultrapassem as paredes das salas, dos laboratórios e dos muros das universidades. As atividades desafiadoras para responder às problemáticas existentes necessitam da *criação de espaços virtuais e presenciais* dentro e fora da universidade. A abertura para contatos pela rede informatizada, que poderá ocorrer do professor para o professor, do professor para o aluno, dos alunos entre si, e dos alunos e professores com os usuários da rede, propicia a inserção no universo mundial da informação.

Na Era das Relações (Moraes 1997), cabe aos gestores e professores derrubar barreiras que segregam o espaço e a criatividade do professor e dos alunos restritos à sala de aula, ao quadro de giz e ao livro-texto. Com a visão do desafio para a transformação da realidade, a autora alerta:

> Estamos querendo abandonar uma escola burocrática, hierárquica, organizada por especialidades, subespecialidades, sistemas rígidos de controle em funções dos comportamentos que se pretende incentivar e manter, dissociada do contexto, da realidade, para construir uma escola aberta, com mecanismos de participação e descentralização flexíveis, com regras de controle discutidas pela comunidade e decisões tomadas por grupos interdisciplinares próximos dos alunos. (*Ibidem*, p. 68)

Como usuário da rede de informações, o aluno deverá ser iniciado como pesquisador e investigador para resolver problemas concretos que ocorrem no cotidiano de suas vidas. A aprendizagem precisa ser significativa, desafiadora, problematizadora e instigante, a ponto de mobilizar o aluno e o grupo a buscar soluções possíveis para serem discutidas e concretizadas à luz de referenciais teóricos/práticos. O processo de aprendizagem colaborativa precisa ter presente que a interação reconhece:

> Que sujeito e objeto são organismos vivos, ativos, abertos, em constante intercâmbio com o meio ambiente, mediante processos interativos indissociáveis e modificadores das relações sujeito-objeto e sujeito-sujeito, a partir dos quais um modifica o outro, e os sujeitos se modificam entre si. É uma proposta sociocultural, ao compreender que o "ser" se constrói na relação, que o conhecimento é produzido na interação com o mundo físico social, a partir do contato do indivíduo com a sua realidade, com os outros, incluindo aqui sua dimensão social, dialógica, inerente à própria construção do pensamento. (Moraes 1997, p. 66)

Num mundo globalizado, que derruba barreiras de tempo e espaço, o acesso à tecnologia exige atitude crítica e inovadora, possibilitando o relacionamento com a sociedade. O desafio passa por criar e permitir uma nova ação docente na qual professor e alunos participam de um processo conjunto para aprender de forma criativa, dinâmica, encorajadora e que tenha como essência o diálogo e a descoberta.

A relação professor-aluno na aprendizagem colaborativa contempla a inter-relação e a interdependência dos seres humanos, que deverão ser solidários ao buscar caminhos felizes para uma vida sadia deles próprios e do planeta. Nesse processo, empreender projetos que privilegiem uma relação dialógica (Freire 1997) e que permitam ao professor e ao aluno aprenderem a aprender, num processo coletivo para a produção do conhecimento. A relação é de parceiros solidários que enfrentam desafios de problematizações do mundo contemporâneo e se apropriam da colaboração, da cooperação e da criatividade, para tornar a aprendizagem colaborativa, significativa, crítica e transformadora (Behrens 1996a).

Quatro pilares da aprendizagem colaborativa

Jacques Delors et al. (1998) coordenaram o "Relatório para a Unesco da Comissão Internacional sobre Educação para o Século XXI", no qual apontam como principal consequência da sociedade do conhecimento a necessidade de uma educação continuada. A aprendizagem ao longo da vida enseja superar a visão de terminalidade que era atribuída aos cursos, em especial aos de graduação nas faculdades e universidades. A proposição manifestada por Delors *et al.* (1998) apresenta para a educação uma aprendizagem ao longo de toda vida assentada em quatro pilares: *aprender a conhecer*; *aprender a fazer*; *aprender a viver juntos;* e *aprender a ser*.

Como primeiro pilar, os autores apontam o *aprender a conhecer*:

> Este tipo de aprendizagem que visa não tanto à aquisição de um repertório de saberes codificados, mas antes ao domínio dos próprios instrumentos do conhecimento pode ser considerado, simultaneamente, como meio e como finalidade da vida humana. Meio, porque se pretende que cada um aprenda a compreender o mundo que o rodeia, pelo menos na medida em que isso lhe é necessário para viver dignamente, para desenvolver as suas capacidades profissionais, para comunicar. Finalidade, porque seu fundamento é o prazer de compreender, de conhecer, de descobrir. (*Ibidem*, p. 91)

Com essa visão enfatiza-se ter prazer em descobrir, em investigar, em ter curiosidade, em construir e reconstruir o conhecimento. Aprender a conhecer implica aprender a aprender, compreendendo a aprendizagem como um processo que nunca está acabado. A pesquisa como princípio educativo (Demo 1996) torna-se relevante, pois o aprender a aprender supera a "decoreba", a cópia e a imitação. Segundo Gadotti *et al.* (2000, p. 251), aprender a conhecer implica ter

> prazer de compreender, descobrir, construir e reconstruir o conhecimento, curiosidade, autonomia, atenção. Inútil tentar conhecer tudo. Isso supõe uma cultura geral, o que não prejudica o domínio de certos assuntos especializados. Aprender a conhecer é mais que aprender a aprender.

Aprender a decorar um volume infindável de informações tornou-se tarefa de questionável valor, uma vez que pela produção veloz com que os conhecimentos vêm sendo apresentados e renovados eles tendem a envelhecer rapidamente. A visão ingênua do professor que julga ensinar tudo aos alunos sobre sua disciplina passou a ser impraticável, pois o universo das informações se estendeu e se ampliou. Portanto, mais que apresentar e decorar conteúdos os alunos precisam aprender a acessá-los, a pensar e refletir sobre eles.

O aluno precisa ser instigado a buscar o conhecimento, a ter prazer em conhecer, a aprender a pensar, a elaborar as informações para que possam ser aplicadas à realidade que está vivendo. No processo de produzir conhecimento torna-se necessário ousar, criar e refletir sobre os conhecimentos acessados para convertê-los em produção relevante e significativa.

Como segundo pilar, Delors *et al.* (1998, p. 93) apresentam o *aprender a fazer*, aprendizagem indissociável do aprender a conhecer, e recomendam:

> Aprender a fazer não pode, pois, continuar a ter o significado simples de preparar alguém para tarefa material bem determinada, para fazê-lo participar no fabrico de alguma coisa. Como conseqüência, as aprendizagens devem evoluir e não podem mais ser consideradas como simples transmissão de práticas mais ou menos rotineiras, embora estas continuem a ter um valor formativo que não é de desprezar.

Trata-se, portanto, de ir além da tarefa repetitiva, do ato de repetir o que está feito, isto é, de buscar o fazer na criação com criticidade e autonomia. Como consequência, o aprender a fazer vem coligado com o desenvolvimento de aptidões que levam a pessoa a atuar na sua profissão com mais competência e habilidade. Segundo Gadotti *et al.* (2000, p. 251),

> a substituição de certas atividades humanas por máquinas acentuou o caráter cognitivo do fazer. O fazer deixou de ser puramente instrumental. Nesse sentido vale mais hoje a *competência pessoal*

que torna a pessoa apta a enfrentar novas situações de emprego e a trabalhar em equipe do que a pura qualificação profissional.

Aliando aprender a conhecer com aprender a fazer, o professor precisa superar em sua prática pedagógica a dicotomia teoria e prática. A teoria e a prática podem caminhar juntas. O docente deve ter a preocupação de criar problematizações que levem o aluno a acessar os conhecimentos e aplicá-los como se estivesse atuando como profissional. A teoria por si só não dá conta de preparar o aprendiz para aplicá-la. As aptidões, as habilidades e as competências para decodificar as informações e convertê-las numa ação efetiva tornam-se tarefa importante, pois preparam o aluno para se readaptar às situações-problema e estar apto para atuar como profissional.

A obsolescência do conhecimento e da tecnologia implica o realinhamento e a readaptação do profissional num curto espaço de tempo, pois os empregos definitivos darão lugar à atuação coletiva, que exigirá flexibilidade e competência para saber resolver problemas variados de acordo com a realidade que se apresentar.

O terceiro pilar apresentado por Delors *et al.* (1998) refere-se ao *aprender a viver juntos*, "levar os alunos a tomarem consciência das semelhanças e da interdependência entre todos os seres humanos no planeta" (*ibidem*, p. 97). Acrescenta-se a aprendizagem de conviver harmoniosamente com todos os seres vivos, homens e animais, mar, terra e ar. Gadotti *et al.* (2000, p. 251) interpretam a aprendizagem de viver juntos como "compreender o outro e desenvolver a percepção da interdependência, da não-violência, administrar conflitos. Descobrir o outro, participar em projetos comuns. Ter prazer no esforço comum. Participar de projetos de cooperação". Observa-se que nestas últimas décadas a sociedade e as organizações em geral têm enfatizado a necessidade de os profissionais aprenderem a trabalhar em parceria. Portanto, precisam reaprender a viver juntos, a respeitar as individualidades num processo coletivo para aprender e se emancipar.

Os pressupostos do paradigma inovador na ciência propõem movimentos de evolução, de interconexão, de entropia, de inter-relacionamento e defendem um pensamento em rede, tal qual uma teia, onde todos os seres vivos interagem e são interdependentes uns dos outros. Esse movimento originou uma crise de dimensões planetárias, advinda historicamente de um paradigma que permitiu a separação, a divisão, a fragmentação, levando a uma visão mecanicista do mundo. A evolução da ciência para superar o pensamento newtoniano-cartesiano, que propõe a fragmentação, a unicidade, a parte, vem dando lugar a um pensamento holístico, que busca a reunificação das partes no todo.

A visão de inter-relacionamento, de interconexão e de totalidade, proposta pelo novo paradigma da ciência, busca a superação das verdades absolutas e inquestionáveis, do positivismo, da racionalidade e do pensamento convergente.

Os avanços tecnológicos, científicos e eletrônicos não estão trazendo a vida em plenitude para o homem. Ao contrário, vieram desafiá-lo e angustiá-lo, levando-o ao estresse, à competitividade exacerbada, a um pensamento isolado e fragmentado, impedindo-o de ver o todo e retirando a responsabilidade de atos isolados perante a sociedade. Nesse processo, embevecido pela tecnologia, o homem passou a destruir a Terra e, em especial, a si mesmo e os seus semelhantes (Cardoso 1995).

O novo paradigma alerta que "a natureza não são blocos isolados mas uma complexa teia de relações entre as várias partes de um todo unificado" (Capra 1995, p. 41). Nessa visão, o mundo é um complicado tecido de eventos que se interconectam, se inter-relacionam e se combinam, determinando a textura do todo.

As instituições sociais e, em especial, as escolas precisam rever seus processos pedagógicos que ainda neste momento histórico instigam o trabalho individual, competitivo e mecanicista.

A visão holística implica pensar coletivamente, uns dependendo do sucesso dos outros, das parcerias, do trabalho coletivo. Portanto, a escola precisa oferecer situações de problematizações, fazendo refletir sobre a realidade, para que os alunos aprendam a administrar conflitos, pensamentos divergentes, respeitar a opinião dos outros, saber contra-argumentar sem que esse processo seja de luta, agressão e competitividade.

A validade do aprender a viver juntos, proposto por Delors *et al.* (1998), implica redimensionar as práticas pedagógicas dos professores em todos os níveis de ensino. Os professores e os alunos passam a ser parceiros de um projeto comum. Os processos de entreajuda, de colaboração, de cooperação precisam ser instigados sob pena de o aluno não estar preparado para enfrentar as exigências que a sociedade vem apresentando nos diversos segmentos.

O quarto pilar apresentado refere-se ao *aprender a ser*. Delors *et al.* (*ibidem*, p. 99) recomendam:

> A educação deve contribuir para o desenvolvimento total da pessoa, espírito e corpo, inteligência, sensibilidade, sentido estético, responsabilidade pessoal, espiritualidade. Todo o ser humano deve ser preparado, especialmente, graças à educação que recebe na juventude, para elaborar pensamentos autônomos e críticos e para formular os seus próprios juízos de valor, de modo a poder decidir, por si mesmo, como agir nas diferentes circunstâncias da vida.

Com essa visão, tentam superar a desumanização do mundo, conferindo ao homem liberdade de pensamento e responsabilidade sobre seus atos, na busca de desenvolvimento dos processos de aprender a ser, contemplar o "desenvolvimento integral da pessoa: inteligência, sensibilidade, sentido ético e estético, responsabilidade pessoal, espiritualidade, pensamento autônomo e crítico, imaginação, criatividade, iniciativa" (Gadotti *et al.* 2000, p. 251). Trata-se de levar em consideração as inteligências múltiplas, as potencialidades dos alunos em plenitude, a possibilidade para criticar, para participar e para criar.

Nestas últimas décadas, os homens foram embrutecidos pela racionalidade e pela objetividade. Destruíram a sensibilidade em nome da cientificidade. Adotaram atitude compatível com os pressupostos de uma visão positivista do universo. Cardoso (1995, p. 31; grifos do original) apresenta denúncia pertinente, quando explicita:

> Em resumo, o paradigma cartesiano-newtoniano orienta o saber e a ação primordialmente pela *razão* e pela *experimentação*, revelando assim o culto do intelecto e o exílio do coração. O universo, na óptica mecanicista, está organizado a partir da linearidade determinista de causa e efeito. Sua epistemologia reducionista fragmentou tanto a nossa realidade externa (impessoal) quanto a interna (psíquica). No plano existencial, a ética individualista e os valores materiais cimentam a circulação do Ter. O maravilhoso progresso científico-tecnológico é fruto deste paradigma; todavia, nele residem também as causas da crise multidimensional que vivemos, como a agudização da violência, da depredação do ambiente físico, social e interior.

As diversas manifestações sociais de agressão e violência não são gratuitas, advêm de uma formação universal que exilou o coração. A falta de afetividade, de companheirismo e de amor embruteceu as pessoas, que parecem insensíveis aos problemas de conflito e injustiça social.

O capitalismo selvagem do ter superou a formação do ser, e esse processo tem subsidiado conflitos relevantes sobre o direito dos injustiçados, que não são atendidos com dignidade para morar, alimentar-se e educar-se. Por isso, torna-se essencial saber pensar, refletir, para não ser engolido pela obtenção material em detrimento da formação pessoal e grupal. Agrega-se a aprendizagem de viver juntos com a de aprender a ser, quando se buscam processos que aflorem a sensibilidade, a afetividade, a paz e o espírito solidário, que precisam ser resgatados sob pena de os homens se destruírem uns aos outros. Não se trata de uma visão romântica, mas de um desafio imposto às escolas, de maneira geral, e às famílias, de maneira particular.

Cabe à escola tornar possível o desenvolvimento destes quatro pilares: aprender a conhecer; aprender a fazer; aprender a viver juntos; aprender a ser. Os profissionais preparados para o século XXI deverão ser criativos, críticos, autônomos, questionadores, participativos e, principalmente, transformadores da realidade social. Com esse desafio presente, Gadotti *et al.* (2000, p. 251) atribuem à escola a missão de:

> Amar o conhecimento como espaço de realização humana, de alegria e de contentamento cultural; cabe-lhe selecionar e rever criticamente a informação; formular hipóteses; ser criativa e inventiva (inovar); ser provocadora da mensagem e não pura receptora; produzir, construir e reconstruir conhecimentos elaborados. E mais: numa perspectiva emancipadora da educação a escola tem que fazer tudo isso em favor dos excluídos. Não discriminar o pobre. Ela não pode distribuir poder, mas pode construir e reconstruir conhecimentos, saber, que é poder. Numa perspectiva emancipadora da educação, a tecnologia não é nada sem a cidadania.

Nesse contexto, a prática pedagógica do professor precisa desafiar os alunos a buscarem uma formação humana, crítica e competente, alicerçada numa visão holística, com uma abordagem progressista e num ensino com pesquisa que levará o aluno a aprender a aprender. O aprendizado deve ser impulsionado pela curiosidade, pelo interesse, pela crise, pela problematização e pela busca de soluções possíveis para aquele momento histórico com a visão de que não são respostas únicas, absolutas e inquestionáveis.

Os docentes desafiados pelo novo paradigma terão que conviver com um processo de mudança contínua, harmoniosa e produtiva. Para construir uma prática pedagógica emancipadora será necessário buscar a qualidade nos relacionamentos, superando a visão de opressores e oprimidos (Freire 1975) e organizando sua ação docente numa complexa teia de relações e interdependência, na qual os trabalhos coletivos e de parcerias exigirão a colaboração e a participação de todos. Com essa visão compartilhada os grupos vão se renovando a cada ano e os alunos estarão preparados para o enfrentamento das novas ações e dos novos desafios. O mundo do trabalho indica que as organizações buscarão indivíduos talentosos, criativos, que saibam projetar, analisar e produzir conhecimento. Os profissionais serão contratados para tarefas especiais e temporárias, recebendo mais do que receberiam se continuassem empregados no sistema anterior. As empresas poderão contratar pessoas que se encontram a quilômetros de distância, atravessando fronteiras por meio de redes eletrônicas e informatizadas, e para esse desafio os alunos precisam estar preparados, em todos os níveis da formação e, em especial, na educação superior.

Paradigma emergente na prática pedagógica

Um paradigma inovador que venha atender aos pressupostos necessários às exigências da sociedade do conhecimento tem sido denominado de *paradigma emergente* por alguns educadores – Boaventura Santos (1989), Moraes (1997), Pimentel (1993), Gutiérrez (1999) e Behrens (1999). Caracterizar um paradigma emergente não parece tarefa de fácil resposta neste momento histórico, mas o que se pode garantir, além da multiplicidade de denominações, é que o paradigma inovador engloba diferentes pressupostos de novas teorias. Por exemplo, Moraes (1997) denomina paradigma emergente a aliança entre as abordagens construtivista, interacionista, sociocultural e transcendente.

O ponto de encontro entre os autores que contribuem com seus estudos sobre o paradigma emergente é a busca da visão de totalidade, o enfoque da aprendizagem e o desafio de superação da reprodução para a produção do conhecimento.

O desafio dos cientistas e intelectuais, no sentido da retomada do todo, contamina a educação e instiga os professores a buscar uma prática pedagógica que supere a fragmentação e a reprodução do conhecimento.

O ensino como produção de conhecimento propõe enfaticamente o envolvimento do aluno no processo educativo. A exigência de tornar o sujeito "cognoscente" valoriza a reflexão, a ação, a curiosidade, o espírito crítico, o questionamento, e exige reconstruir a prática educativa proposta em sala de aula.

Uma ação pedagógica que leve à produção do conhecimento e que busque formar um sujeito crítico e inovador precisa enfocar o conhecimento como provisório e relativo, preocupando-se com a localização histórica de sua produção. Precisa estimular a análise, a capacidade de compor e recompor dados, informações e argumentos. Acrescida da valorização da ação reflexiva e da disciplina tomada como capacidade de estudar e de sistematizar o conhecimento, instiga o aluno a reconhecer a realidade e a refletir sobre ela (Cunha 1997).

A produção de conhecimento com autonomia, com criatividade, com criticidade e espírito investigativo provoca a interpretação do conhecimento e não apenas a sua aceitação. Portanto, na prática pedagógica o professor deve propor projetos que provoquem um estudo sistemático, uma investigação orientada, para ultrapassar a visão de que o aluno é produto e objeto, e torná-lo sujeito e produtor do próprio conhecimento.

A aprendizagem colaborativa precisa ter como referência uma prática pedagógica num paradigma emergente. Para alicerçar uma pratica pedagógica compatível com as mudanças paradigmáticas da ciência, num paradigma emergente, Behrens (1999) acredita na necessidade de desencadear uma aliança de abordagens pedagógicas, formando uma verdadeira teia, da visão holística, com a abordagem progressista e com o ensino com pesquisa. Essa aliança (Behrens 1998) justifica-se e torna-se necessária de acordo com as características de cada abordagem:

a) O *ensino com pesquisa* pode provocar a superação de reprodução para a produção do conhecimento, com autonomia, espírito crítico e investigativo. Considera a pesquisa um princípio educativo, portanto o aluno e o professor tornam-se pesquisadores e produtores dos seus próprios conhecimentos.

b) A *abordagem progressista* tem como pressuposto central a transformação social. Instiga o diálogo e a discussão coletiva como forças propulsoras de uma aprendizagem significativa e contempla os trabalhos coletivos, as parcerias e a participação crítica e reflexiva dos alunos e dos professores.

c) A *visão holística ou sistêmica* busca a superação da fragmentação do conhecimento, o resgate do ser humano em sua totalidade, considerando o homem com suas inteligências múltiplas, levando à formação de um profissional humano, ético e sensível.

A aliança ou a teia proposta com base nas três abordagens permite uma aproximação de pressupostos significativos, cada uma em sua dimensão. Uma prática pedagógica que seja competente e que dê conta dos desafios da sociedade moderna exige uma inter-relação dessas abordagens e uma instrumentalização com a tecnologia inovadora. Servindo como instrumentos, o computador e a rede de informações aparecem como suportes relevantes na proposição de uma ação docente inovadora.

Paradigma emergente numa aliança de abordagens pedagógicas

Realizando pesquisas sobre a prática pedagógica entre professores universitários, Behrens (1999) defende, para o paradigma emergente, como já foi exposto, uma aliança entre os pressupostos da visão holística, da abordagem progressista e do ensino com pesquisa, instrumentalizada pela tecnologia inovadora.

A conjunção, a interconexão, o inter-relacionamento da teia formada por essas abordagens possibilitam a aproximação de referenciais significativos para a prática pedagógica. A dimensão dessa aliança depende da opção e do aprofundamento teórico-prático que cada docente tiver o entusiasmo e o arrojo de construir. A concepção de uma proposta pedagógica embasada por essas tendências demanda exploração dos referenciais de cada uma delas, tendo presente que a aproximação desses pressupostos pode e deve formar um todo.

1. O *ensino com pesquisa*, proposto por Paoli (1988), por Demo (1991) e por Cunha (1996), defende uma aprendizagem baseada na pesquisa para a produção do conhecimento, superando a reprodução, a cópia e a imitação referendadas pelo pensamento newtoniano-cartesiano.

Busca-se um ensino aliado à pesquisa como princípio educativo, e não apenas como princípio científico. Essa abordagem contempla a visão de educador que propõe uma metodologia que possibilite ao aluno, construir, reconstruir e produzir conhecimento e apropriar-se deste. Não se trata apenas de uma mudança de método, mas de uma postura pedagógica. O aluno passa a ser participante e sujeito do seu próprio processo de aprender.

A elaboração e a reelaboração do conhecimento são componentes substanciais da aprendizagem. O alerta de Cunha (1999, p. 3) torna-se pertinente: "O desafio que se coloca para o ensino universitário é, pois, fazer com que suas práticas se renovem, a fim de poder dar conta de uma nova perspectiva epistemológica, onde as habilidades de intervenção no conhecimento sejam mais valorizadas do que a capacidade de armazená-lo". Nesse sentido, passa a ser importante retomar a ideia de indissociabilidade do ensino e da pesquisa como eixo da prática pedagógica.

A concepção do ensino com pesquisa tem como pressuposto básico o processo de produção do conhecimento. A contribuição de

Paoli (1988) tornou-se relevante ao propor um ensino com pesquisa que instigasse a dúvida e a crítica, permitindo ao aluno perceber que os conteúdos não estão prontos e acabados, são produtos de um trabalho de investigação provisória que podem modificar, rever, ampliar e transformar as informações de acordo com o momento histórico. Portanto, são provisórios e adquirem valor para determinada época. Aliado à dúvida e à crítica, o ensino com pesquisa implica trabalhar com o aluno e não para o aluno. Para tanto, o professor deve propor situações que levem a acessar o conhecimento para refletir sobre ele e discuti-lo, quebrando as formas lineares que vêm sendo apresentadas.

O aprendiz é movido pela dúvida, encontra o prazer da descoberta, da investigação e da pesquisa. Neste processo de aprender a aprender, Cunha (1996, p. 32) propõe um ensino baseado em procedimento que:

- Enfoca o conhecimento com base na localização histórica de sua produção e o percebe como provisório e relativo.
- Estimula a análise, a capacidade de compor e recompor dados, informações, argumentos e ideias.
- Valoriza a curiosidade, o questionamento exigente e a incerteza.
- Percebe o conhecimento de forma interdisciplinar, propondo pontes de relações entre eles e atribuindo significados próprios aos conteúdos, em função dos objetivos acadêmicos.
- Entende a pesquisa como instrumento do ensino e a extensão como ponto de partida e de chegada da apreensão da realidade.

Os procedimentos propostos levam a uma prática pedagógica que alia ações que levem a problematizar, observar, comparar, acessar, criticar, sistematizar, produzir conhecimento e se posicionar diante da realidade.

Num paradigma de ensino com pesquisa, "o professor torna-se dinâmico, articulador, mediador, crítico e criativo, provocando uma prática pedagógica que instiga o posicionamento, a autonomia, a tomada de decisão e a construção do conhecimento, atuando como parceiro experiente no processo educativo" (Behrens 1999, p. 91).

O ensino com pesquisa como processo educativo necessita de um professor que perceba o aluno como um parceiro, sujeitos do mesmo processo, um questionador, um investigador, que precisa alicerçar procedimento para desenvolver raciocínio lógico, criatividade, posicionamento, capacidade produtiva e cidadania. Nesse processo educativo, Demo (1996, pp. 28-29) considera:

> É fundamental que os alunos escrevam, redijam, coloquem no papel o que querem dizer e fazer, sobretudo alcancem a capacidade de formular. Formular, elaborar são termos essenciais da formação do sujeito, porque significam propriamente a competência, à medida que se supera a recepção passiva do conhecimento, passando do conhecimento, passando a participar como sujeito capaz de propor e contrapor... Aprende a duvidar, a perguntar, a querer saber, sempre mais e melhor. A partir daí, surge o desafio da elaboração própria, pela qual o sujeito que desperta começa a ganhar forma, expressão, contorno, perfil. Deixa-se para trás a condição de objeto.

O processo de produção de conhecimento considera momentos gradativos de conquista. Segundo Demo (1994), o processo de ensinar pela pesquisa apresenta fases progressivas desde a interpretação reprodutiva, a interpretação própria, a reconstrução, a "construção", a criação e a descoberta. Como unidade indissolúvel, a teoria e a prática são favorecidas pelo espírito empreendedor do ensino com pesquisa que leva a acessar, analisar e produzir o conhecimento.

2. A *abordagem progressista* tem como pressuposto básico a busca da transformação social. Engloba uma proposta de parceria entre professor e alunos num processo dialógico amoroso (Freire 1993).

Os professores progressistas, como intelectuais transformadores, promovem processos de mudança, manifestando-se contra as injustiças sociais, as atitudes antiéticas, as injustiças políticas e econômicas. Num processo dialógico, instigam seus alunos a buscar soluções que permitam aos homens uma melhor qualidade de vida. Responsabilizar os indivíduos pelos seus atos contra os homens, contra a natureza e contra eles mesmos é possibilitar um processo de reconstrução da sociedade pela atuação de profissionais éticos e políticos que serão construtores de suas próprias histórias e do seu país.

Dentro dessa perspectiva:

> A reflexão e ação crítica tornam-se parte do projeto social fundamental de ajudar os estudantes a desenvolverem uma fé profunda e duradoura na luta para superar as injustiças econômicas, políticas e sociais, e humanizarem-se ainda como parte desta luta... Também significa desenvolver uma linguagem crítica que esteja atenta aos problemas experimentados em nível da experiência cotidiana, particularmente, enquanto relacionados com as experiências ligadas à prática em sala de aula. (Giroux 1997, p. 163)

Essa visão política do professor leva ao compromisso de tornar possível uma aprendizagem significativa, reflexiva, crítica e transformadora na construção da cidadania. Nesse sentido, a prática pedagógica precisa ser problematizadora, levando em consideração o contexto dos ambientes culturais, raciais, históricos, de classe e de gênero. A proposição de uma ação pedagógica progressista vai além da produção do conhecimento para buscar a formação de cidadãos, homens e mulheres, éticos, humanos e solidários. Os professores e os alunos não são neutros política e ideologicamente. Com essa visão, devem considerar as relações sociais em sala de aula, os valores e as atitudes que virão desencadear como construtores e sujeitos de sua própria história.

A abordagem progressista torna-se o pilar da ética democrática que envolve processos de companheirismo, solidariedade, de entreajuda, de responsabilidade social e de espírito de cidadania.

3. A *visão holística* caracteriza a prática pedagógica num paradigma emergente aliada ao ensino com pesquisa e à abordagem progressista. A proposição da visão holística contempla processos de construção de uma sociedade com base na formação de homens e mulheres, que se pautam nos princípios éticos, da dignidade humana, da paz, da justiça, do respeito, da solidariedade e da defesa do meio ambiente.

A superação do paradigma newtoniano-cartesiano nas últimas décadas do século XX, provocada pelo avanço na ciência assentado nos princípios da física quântica, implica oferecer uma prática pedagógica com visão de totalidade, que propõe o conhecimento em rede, em sistemas integrados e interconectados.

A visão holística busca a perspectiva interdisciplinar, superando a fragmentação, a divisão, a compartimentalização do conhecimento. O processo educativo numa abordagem holística implica aprender a conhecer, aprender a fazer, aprender a conviver, aprender a aprender, aprender a ser. Neste contexto de múltiplas aprendizagens, leva em consideração processos de superação das dualidades propostas no paradigma newtoniano-cartesiano, entre razão-emoção, corpo-alma, objetivo-subjetivo e sujeito-objeto, entre outras.

Concebendo o universo como uma totalidade indivisa, a visão holística apresenta o mundo como um "complicado tecido de eventos, no qual conexões de diferentes tipos se alternam, se sobrepõem ou se combinam e, por meio disso, determinam a textura do todo" (Capra 1995, p. 42). Nesse processo de inter-relações, a consciência crítica e a sensibilidade deverão ser contempladas nas ações docentes, contribuindo para a construção de uma sociedade que leve em consideração o sentido da existência, da humanidade, e da vida sadia com todos os seres no planeta.

A visão holística recebe outras denominações como ecológica ou sistêmica. A visão sistêmica ou holística apresenta o sentido de rede, de teia, de conexão, de sistemas integrados. O paradigma holístico propõe que homem e mulher sejam vistos como seres indivisos, buscando a unicidade na aliança de razão e emoção e de corpo e alma. Como sujeito cognoscente, valoriza a reflexão, a ação, a curiosidade, o espírito crítico, a incerteza, a provisoriedade e o questionamento. Concebe a produção do conhecimento com autonomia, com criticidade e com espírito investigativo.

O século XIX e grande parte do século XX foram alicerçados pelo processo de fragmentação, que redundou em valorização à racionalidade, à objetividade, à individualidade, aos valores materiais sobrepondo-se aos existenciais, revelando um "forte culto ao intelecto e o exílio do coração" (Cardoso 1995, p. 31), trazendo efeitos devastadores para a humanidade. Ao mesmo tempo em que instrumentalizou o desenvolvimento da tecnologia, instalou processos de competitividade, agressão e injustiça social.

Ser holístico, segundo Cardoso (1995, p. 49), compreende

saber respeitar as diferenças, buscando a aproximação das partes no plano da totalidade. Porque superar não é fazer desaparecer, mas progredir na reaproximação do todo. Pois o todo está em cada uma das partes, e, ao mesmo tempo, o todo é qualitativamente diferente do que a soma das partes.

Na realidade, a concepção do todo leva à concepção de rede, de teia, de interconectividade e de inter-relações entre os sistemas vivos. Portanto, não há prática pedagógica isolada em uma disciplina, e sim uma ação docente com uma visão do todo, com a responsabilidade e a preocupação de provocar interações e relações dos alunos consigo mesmos, com seus semelhantes, com sua comunidade, com a sociedade e com o planeta. Segundo Moraes (1997, p. 93), o processo de interconexão depende da visão de que

há um todo unificado e inseparável, uma complexa teia de relações em que todos os fenômenos são determinados por suas conexões com a totalidade, em que a percepção da inter-relação, da interdependência e da compreensão da existência de conexões ajuda a compreender o significado do contexto.

Ao propor uma prática pedagógica problematizadora e contextualizada, o docente pode oferecer caminhos que venham atender aos pressupostos da visão holística. Dessa forma, valoriza a formação de valores, como fraternidade, honestidade, paz, harmonia, justiça e igualdade. Para Cardoso (1995, p. 53), a educação holística contempla "práticas pedagógicas que desenvolvem simultaneamente razão, sensação, sentimento e intuição e que estimulem a integração intercultural e a visão planetária das coisas, em nome da paz e da unidade do mundo".

Segundo Gutiérrez (1997, p. 97; trad. nossa), a educação holística se amplia, pois:

> A dimensão holística tem a ver com a imaginação como a capacidade humana de ver, relacionar, integrar, simular, inventar. Assim, o desenvolvimento da imaginação criativa é um requisito fundamental para a construção de uma cultura de sustentabilidade... Educar a imaginação é ter fé nas possibilidades que nascem do processo educacional, a fim de construir um mundo que é possível, se transforma e se constrói conosco.

O docente com visão holística propicia ações que levem à criação, à imaginação e às atividades que promovam a aprendizagem, contemplando o homem integralmente. Esse processo do homem em sua totalidade estimula o uso dos dois lados do cérebro. Esse contexto de conexão leva em conta a existência de dois hemisférios cerebrais, cada um com funções diferentes. No lado direito do cérebro, predominam a criatividade, a sinergia, a intuição, a síntese, a visão global, a emoção, a subjetividade; e no lado esquerdo do cérebro, predominam a visão racional, a objetividade, a análise conceitual, e, por isso, dualista (Weil, D'Ambrosio e Crema 1993).

Educar numa visão holística implica estimular no aluno ações que lhe possibilitem contemplar as funções dos dois lados do cérebro, buscando o "desenvolvimento harmonioso das dimensões da totalidade pessoal: física, intelectual, emocional e espiritual. E este, por sua vez, participa de outros planos de totalidade: o comunitário, o social, o planetário e cósmico" (Cardoso 1995, p. 51).

Com a dimensão da totalidade, a prática pedagógica precisa levar em conta as inteligências múltiplas. A contribuição de Gardner (1994) torna-se relevante, pois alerta que o processo educativo tradicional torna oportuno o desenvolvimento da inteligência linguística e da inteligência lógico-matemática. No entanto, torna-se necessário contemplar um processo pedagógico que desenvolva também as inteligências espacial ou visual, musical, cinestésica ou física, interpessoal, intrapessoal e naturalística.

Os processos pedagógicos que levem em consideração os oito diferentes tipos de inteligências possibilitarão ao indivíduo uma visão interdisciplinar, que favorece a formação do homem sensível, responsável, competente, crítico, criativo, transformador, solidário, que luta pelos processos de justiça, de paz, de honestidade, de igualdade, de amorosidade. Enfim, a convivência solidária na busca de uma melhor qualidade de vida e de equilíbrio ecológico, da preservação do planeta como moradia sadia dos sistemas vivos.

A visão holística, nesse contexto, empreende a construção de um mundo melhor para o aluno consigo mesmo, para seus semelhantes, para sua comunidade, para a sociedade e para o universo.

Segundo Cardoso (1995, p. 56), o ato de aprender é fundamentalmente

> um processo de conhecimento em busca da realização plena do homem, no sentido ético único, que em linguagem comum chamamos felicidade. Ser feliz e celebrar a vida é sentir-se em comunhão com todos os seres na experiência da vida-e-morte. Na abordagem holística, a aprendizagem implica em mudanças de valores. A

aprendizagem é uma conversão. A compreensão do universo só tem sentido ético se levar o homem a uma maior compreensão de si mesmo... O saber para poder é meio, o saber para ser é fim.

Para uma proposta pedagógica atender a uma visão holística, o professor precisa acreditar que seus alunos são capazes, que têm emoções, que são criativos, que são sensíveis, que são inventivos e que podem estabelecer relações dialógicas nas quais possam realizar um trabalho coletivo, participativo, criativo e transformador.

Portanto, a preocupação de atender a um paradigma emergente numa prática pedagógica relevante e significativa precisa aliar os pressupostos da abordagem progressista, do ensino com pesquisa, da visão holística. Nesse processo de busca do todo, precisa levar em consideração a oferta do instrumental de uma tecnologia inovadora, não como uma abordagem, mas como um recurso para auxiliar a aprendizagem. Com essa visão de instrumentalização cabe alertar os professores para a possibilidade de ofertar aos seus alunos alguns recursos inovadores.

4. *Tecnologia como ferramenta para aprendizagem colaborativa.* Com a visão de que a tecnologia está a serviço do homem e pode ser utilizada como ferramenta para facilitar o desenvolvimento de aptidões para atuar como profissional na sociedade do conhecimento, os professores precisam ser críticos para contemplar em sua prática pedagógica o uso da informática, oferecendo os recursos inovadores aos alunos.

Num caráter mais amplo, a tecnologia da informação, entendida como os recursos de *hardware*, *software* e redes de computadores, pode ajudar a tornar mais acessíveis e conhecidos para os professores as políticas educacionais dos países, os projetos pedagógicos das escolas em todos os níveis, os projetos de aprendizagem construídos por professores e alunos, as opções paradigmáticas e as proposições metodológicas das instituições de ensino, bem como os mais diversos aplicativos que podem ser colocados à disposição dos alunos e de todos os usuários da sociedade.

Os professores e os alunos podem utilizar as tecnologias da informação para estimular o acesso à informação e à pesquisa individual e coletiva, favorecendo processos para aumentar a interação entre eles. A rede informatizada cria a possibilidade de exposição e de disponibilização das pesquisas aos alunos, de maneira mais atrativa e produtiva, da demonstração e da vivência de simulação por texto e imagens, facilitando o discernimento e o envolvimento dos alunos com problemas reais da sociedade.

Os alunos podem se beneficiar da tecnologia da informação, que, além da internet, oferece diversos tipos de programas aplicados à educação, indicados por Seabra (1994), como: exercitação, programas tutoriais e aplicativos, jogos, linguagem, programas de autoria, editores de textos e simulações.

A *exercitação* é uma proposta de programa que tem como objetivo oferecer treinamento de certas habilidades. O programa possibilita decorar terminologia de áreas específicas do conhecimento, treinar e resolver problemas de física, química, matemática e outros. Esses programas de exercitação são as propostas mais pobres do ensino programado. O uso e a adequação dependem do projeto pedagógico que o professor pretende desenvolver com os alunos.

Os *programas tutoriais* são compostos por blocos de informações de modo pedagogicamente organizado, como se fosse um livro animado, um vídeo ou um professor eletrônico. Nessa categoria, cabe uma avaliação criteriosa dos programas que existem no mercado para serem utilizados com qualidade no processo educativo e que, de modo geral, são pouco interativos.

Os *aplicativos* são programas voltados para funções específicas, como planilhas eletrônicas, processadores de texto e gerenciadores de banco de dados (Seabra 1994). Embora não tenham sido criados com fins educativos, podem ser aproveitados nos projetos dos alunos. Os *editores de textos* são programas que permitem escrever, ajustar, transferir, copiar, recortar, modificar, compor, decompor, gravar e imprimir todos os tipos de textos. A maioria dos editores de textos oferece combinações de diferentes tamanhos, estilos e tipos de fontes. Alguns programas, como o Microsoft Word, permitem a inserção de imagens, desenhos e gráficos nos textos. A composição dos textos pode beneficiar-se dos recursos do próprio programa ou inserir recursos de outros aplicativos que são transladados para dentro do texto. Além dos editores de textos, encontram-se os *programas de criação de apresentação* que podem ser explorados com fins didáticos. Como, por exemplo, o PowerPoint, que possibilita a confecção de *slides* que contemplam textos, imagens e gráficos, e que podem ser usados em palestras, aulas, encontros, ao serem projetados pelo *datashow* ou por equipamento semelhante. Os *slides* criados podem ser impressos e convertidos em transparências para projetar em retroprojetor.

Os *programas de autoria*, extensão avançada das linguagens de programação, permitem que professores e alunos – ou qualquer pessoa interessada – criem seus próprios programas, sem que tenham que possuir conhecimentos avançados de programação. A maioria desses sistemas facilita o desenvolvimento de apresentações multimídias, envolvendo textos, gráficos, sons e animação.

Os *jogos* são oferecidos com a finalidade de lazer. Podem vir a permitir a utilização com uso educacional, se forem integrados a outras atividades propostas pelo professor.

As *simulações* são programas elaborados para possibilitar ao usuário a interação com situações complexas e de risco. Os programas de simulação tornaram-se ponto forte do uso do computador nos meios educacionais, pois possibilitam a apresentação de fenômenos, experiências e a vivência de situações difíceis ou até perigosas de maneira simulada. Esses programas oferecem cenários que se assemelham a situações concretas das mais variadas áreas do conhecimento, nas quais o usuário pode tomar decisões e comprovar logo em seguida as consequências da opção selecionada. Exemplo específico desse recurso são os simuladores de voo usados em treinamento.

A *internet* tem disponibilizado a tecnologia da informação a um grupo imenso de pessoas, que podem conectar a rede, passando a ser usuárias do universo de informações organizado no mundo inteiro. A troca de informações entre os usuários pode acontecer em nível local, estadual, nacional e internacional. A pesquisa de dados, a assinatura de revistas eletrônicas e o compartilhamento de experiências em comum podem vir a anexar um novo significado à prática docente.

A internet permite a formação de *grupos de discussão* por meio de *chats* e *fóruns*, que possibilitam o acesso de alunos e professores como usuários do sistema para compartilharem informações sobre determinado assunto de interesse comum ou até participando do mesmo projeto, local, nacional ou internacionalmente. Esse processo se amplia com a possibilidade de dialogar com outros usuários do sistema. A internet possibilita derrubar muros e fronteiras do conhecimento que se torna disponibilizado para a comunidade acadêmica.

O uso da internet com critério pode tornar-se um instrumento significativo para o processo educativo em seu conjunto. Ela possibilita o uso de textos, sons, imagens e vídeo que subsidiam a produção do conhecimento. Além disso, a internet propicia a criação de ambientes ricos, motivadores, interativos, colaborativos e cooperativos.

Torna-se importante considerar que esses recursos informatizados estão disponíveis, mas dependem de projetos educativos que levem à aprendizagem e que possibilitem o desenvolvimento do espírito crítico e de atividades criativas. O recurso por si só não garante a inovação, mas depende de um projeto bem-arquitetado, alimentado pelos professores e alunos que são usuários. O computador é a ferramenta auxiliar no processo de "aprender a aprender".

A tecnologia da informação e o avanço dos procedimentos

Baseada na proposta de Chikering e Ehrmann (1999), a tecnologia da informação pode contribuir com pelo menos sete procedimentos que os autores denominam de princípios. Com espírito crítico e reflexivo, vale explicitar cada um deles:

1. *Encorajar contato entre estudantes e universidades* – A tecnologia da informação provoca e cria possibilidades de comunicação entre os estudantes e as universidades/faculdades como instituições e também com os membros que as compõem, gestores, pesquisadores, acadêmicos e funcionários. Os serviços da *web* e os *e-mails*, as conferências virtuais e os grupos de discussão (*chats* e fóruns) aumentaram as oportunidades de os alunos acessarem, conhecerem e se comunicarem com suas universidades e com as do mundo inteiro.

Os recursos, como o correio eletrônico, não propiciam a riqueza sensorial dos encontros presenciais, mas criam possibilidade de agendar horários que atendam ao interesse do usuário. Algumas experiências pedagógicas permitem observar que os alunos são capazes de ser corajosos para fazer, pela rede, perguntas que não fariam pessoalmente.

2. *Encorajar cooperação entre estudantes* – A rede de informação permite atitudes inovadoras que possibilitam a superação do individualismo, competitivo e isolado. As conversas na rede desencadeiam processos coletivos em que uns alunos dependem dos outros. A tecnologia da informação, em especial o *e-mail* ou grupos de discussão, proporciona a oportunidade de interação permanente entre os estudantes, com a possibilidade de comunicações assincrônicas (com defasagem de tempo entre a transmissão e a recepção) e o acesso remoto (da universidade, da casa, do trabalho e até mesmo viajando), pois não existem restrições de tempo e lugar. Os grupos de estudo podem ser formados pela facilidade

de comunicações via rede. As dificuldades, os problemas, as descobertas, as opiniões e as dúvidas podem ser compartilhados pelo grupo e por outros usuários que queiram colaborar, sugerindo ideias e respondendo às questões postas na rede.

3. *Encorajar aprendizagem colaborativa* – A facilidade da tecnologia da informação proporciona aos alunos acesso a uma quantidade imensurável de informação dentro e fora da universidade. Os alunos como internautas podem acessar as informações disponíveis na rede. Os bancos de dados, os sistemas especializados, os programas educativos e os recursos de multimídia proporcionam informações e experiências que podem complementar, enriquecer, instigar os processos de aprendizagem. A necessidade de entreajuda e a maneira colaborativa podem desenvolver autonomia, espírito crítico e atitude de trabalho coletivo.

4. *Dar retorno e respostas imediatas* – Com a proposição da comunicação via rede de informação, o professor e os alunos podem comunicar-se dentro do período de aulas ou fora dele. Isso permite que o docente entre em contato com os alunos com mais frequência. O aluno pode receber o retorno de seu trabalho ou de atividades realizadas sem ter que esperar por um encontro presencial na escola. O professor que propõe uma ação pedagógica que contemple o acesso à rede informatizada pode colocar os critérios gerais das exigências para aprendizagem no processo. Numa avaliação processual e contínua, o aluno pode acompanhar seu próprio desempenho. De maneira gradativa, o aluno vai recebendo retorno sobre seu processo de aprendizagem, possibilitando uma retomada ou reconstrução de atividades programadas para serem desenvolvidas no projeto. O processo avaliativo pode ser composto com produções de texto e imagens, com exercícios aplicativos, com estudos exploratórios, com elaborações individuais e coletivas sobre temas propostos, e até com

provas simuladas que exijam elaboração mais complexa e relevante. As provas podem ser formuladas, corrigidas e realimentadas por meio da rede, embora esse não deva ser o único recurso de avaliação. A agilização da publicação dos resultados parciais e globais pode ser disponibilizada para os alunos, que terão acesso à avaliação do seu processo e do grupo, num legítimo movimento de buscar competência. A avaliação não trata de penitenciar e impedir o aluno de aprender, mas de buscar caminhos de superação das dificuldades.

5. *Enfatizar tempo para as tarefas* – As propostas explicitadas pelo professor com auxílio da rede informatizada podem apresentar o projeto da disciplina ou atividade, em suas fases, mostrando claramente as atividades ou tarefas que serão exigidas no processo e disponibilizadas na rede para os alunos que estão envolvidos no projeto coletivo.

Com o auxílio da informática, há possibilidade de propor trabalhos presenciais e semipresenciais, pois ela proporciona o aumento do aproveitamento do tempo, reduzindo a necessidade de deslocamento e a flexibilização dos horários. Os alunos, independentemente dos horários em que frequentam a escola, podem continuar as atividades individuais e coletivas pela rede. Por outro lado, a informática permite que haja um acompanhamento mais frequente dos trabalhos, pois é mais simples e rápido trocar mensagens por *e-mail* do que reunir todos pessoalmente para trabalhar em parcerias. Os retornos do professor via *e-mail* podem ser disponibilizados para todos os alunos.

6. *Comunicar altas expectativas* – O apelo atrativo da tecnologia da informação pode propiciar caminhos de criação, iniciativa e autonomia, e esse fator motivador deve ser valorizado. Além do valor da informação que o aluno acessou, está o caminho que tomou para buscar na rede as informações necessárias para responder aos problemas propostos que venham desencadear a aprendizagem. O fato de poder publicar e

disponibilizar a produção individual e coletiva do conhecimento dos alunos e do grupo cria um ambiente de atração e estímulo. A publicação dos trabalhos finais na rede geram a possibilidade de expor e defender ideias e estar sujeito a críticas e sugestões.

7. *Respeitar talentos e modos de aprender diferentes* – A tecnologia da informação tem exigido dos professores um paradigma emergente na prática pedagógica. A relação pedagógica assentada no "escute, leia, decore e repita" passa a ser superada por ações que demandam envolvimento e participação para projetar, criar e produzir conhecimento. Nesse novo movimento, o professor passa a perceber talentos nos alunos que no paradigma conservador se mantinham silenciados na sala de aula.

As atividades didáticas que contemplam a tecnologia da informação permitem ao aluno ir além da tarefa proposta, em seu ritmo próprio e estilo de aprendizagem. Nesse novo processo educativo, o aluno dispõe de recursos para avançar, pausar, retroceder e rever o conhecimento. Esse processo permite fazer anotações e investigações pessoais, consultar materiais alternativos e complementares, bem como discutir com outros usuários ou com os próprios colegas suas produções. Os alunos são dotados de inteligências múltiplas e podem ser despertados para colocar suas habilidades e competências a serviço da produção do conhecimento individual e coletivo. A possibilidade de criar e de compor aflora o talento, o uso dos dois lados do cérebro e, em especial, o lado direito, onde predominam a criatividade, a sinergia, a emoção e a intuição (Dryden e Vos 1996).

Os princípios da tecnologia da informação auxiliam o entendimento de que a informática pode ser instrumento afinado perfeitamente com os projetos de aprendizagem e com as práticas pedagógicas, desde que haja um gerenciamento adequado dos recursos informatizados.

A inovação não está restrita ao uso da tecnologia, mas também à maneira como o professor vai se apropriar desses recursos para criar projetos metodológicos que superem a *reprodução* do conhecimento e levem à *produção* do conhecimento.

A realidade virtual na era digital é uma nova dimensão que pode ser oferecida como recursos de aprendizagem. A tecnologia na realidade virtual tem-se caracterizado como o ciberespaço, que comporta o espaço interativo das possibilidades computacionais.

Segundo Rheingold (1991), o ciberespaço é uma rede que torna todos os computadores participantes e seus conteúdos acessíveis/disponíveis aos usuários de qualquer computador ligado a essa rede. Ele não é somente um espaço de armazenamento, ele é um espaço onde o usuário pode interagir, fazer coisas, pode criar ou tomar emprestada uma sala virtual e encontrar outros usuários. Os mecanismos oferecidos pelo ciberespaço permitem que o usuário viaje pelo sistema, podendo mover com o cursor na tela, a imagem ao redor da sala ou do ambiente. Nesse sistema pode criar imagens, sons, linguagens, objetos, ações e eventos por meio de gravações de materiais reais ou pela construção direta. Enfim, é o espaço de possibilidades que dependem da criatividade do homem para buscar uma aliança entre computação e interação, para criação e armazenamento, e, principalmente, de acesso à informação com possibilidade de produção do conhecimento crítico e criativo.

A contribuição do ciberespaço possibilita aos alunos acessar, por meio da internet, bibliotecas do mundo inteiro, caminhar pelo espaço, navegar dentro das salas, localizar obras. O acesso estende-se aos museus e laboratórios que podem possibilitar uma viagem virtual. Essas inovações já fazem parte do mundo informacional. Cabe aos educadores se apropriarem dessas possibilidades e criarem projetos que levem seus alunos a "viajar" pela internet e a ser beneficiados com a realidade virtual.

Segundo Boaventura e Périsse (1999, p. 84):

> Nesse cenário de grandes mudanças, as chamadas Novas Tecnologias de Informação e Comunicação (NTIC), mais do que qualquer

outro fator, têm provocado uma verdadeira metamorfose na nossa maneira de trabalhar e viver. O acesso aos telefones celulares, antenas parabólicas, DVD e, sobretudo, ao espaço cibernético, cada vez mais omnipresentes, permite, de forma inédita, o livre trânsito instantâneo de informações. As distâncias e os fusos horários, que constituíram grandes barreiras para a comunicação entre pessoas em países diversos, não mais o são. A possibilidade de comunicação praticamente instantânea e a um custo reduzidíssimo tem possibilitado a livre troca de pontos de vista entre pessoas.

Os recursos da informática não são o fim da aprendizagem, mas são meios que podem instigar novas metodologias que levem o aluno a "aprender a aprender" com interesse, com criatividade, com autonomia. O professor não pode se furtar de articular projetos de aprendizagem que envolvam tecnologia, principalmente quando ela já está disponível nas suas instituições de ensino.

O paradigma emergente e a aprendizagem colaborativa baseada em projetos

Os projetos de aprendizagem colaborativa partem do levantamento das aptidões e competências que o professor pretende desenvolver com seus alunos. Os programas de aprendizagem têm como finalidade tornar os alunos aptos a atuar como profissionais em suas áreas de conhecimento.

Atendendo à proposição de aliança entre a abordagem progressista, o ensino com a pesquisa e a visão holística, denominada paradigma emergente, o professor preocupado com uma ação docente colaborativa dos seus alunos pode propor a metodologia de *aprendizagem baseada em projetos*.

A primeira preocupação dos professores universitários no sentido de construir projetos pedagógicos próprios será, individual ou coletivamente, buscar a reflexão, a pesquisa e a investigação sobre os pressupostos teóricos e práticos das abordagens pedagógicas para se posicionarem paradigmaticamente.

Com a intenção de apresentar uma proposta de ensino baseada em projetos num paradigma emergente que leve a uma aprendizagem significativa, não se pretende apresentar um esquema fechado, mas, antes, seguir o pensamento de Demo (1996, p. 15), quando afirma: "Para sermos coerentes com o conceito de competência não cabe jamais produzir receitas prontas. Cada professor precisa saber propor seu modo próprio e criativo de teorizar e praticar a pesquisa, renovando-a constantemente e mantendo-a como fonte principal de sua capacidade inventiva". No entanto, a perspectiva é auxiliar o docente a buscar novos caminhos metodológicos, com a visão de que cada docente pode analisar, refletir e criar seu próprio projeto.

Para elaborar o projeto que deverá ser discutido e vivenciado com os estudantes, o professor deve apropriar-se de referenciais utilizados na sala de aula e fora dela. Nesse contexto, cabe alertá-los para a necessidade de propor aprendizagens colaborativas que avancem no sentido de contemplar recursos inovadores. Recomenda-se a utilização dos recursos didáticos presentes na universidade, em especial do computador como uma ferramenta a serviço da metodologia. Alunos e professores deverão levar em consideração algumas situações diferentes daquelas com que estão acostumados no sistema de ensino conservador. A aprendizagem colaborativa demanda uma postura cooperativa (Tijiboy *et al.* 1998). Depreende-se que uma postura cooperativa exige colaboração dos sujeitos envolvidos no projeto, tomada de decisões em grupo, troca e conflitos sociocognitivos, consciência social, reflexão individual e coletiva, tolerância e convivência com as diferenças, responsabilidade do aprendiz pelo seu aprendizado e pelo do grupo, constantes negociações e ações conjuntas e coordenadas. A negociação conjunta das atividades a serem realizadas pressupõe que os alunos terão voz e voto e que o consenso deverá ser atingido pelo grupo com intuito de responsabilizá-los pelo sucesso ou pelo fracasso da proposta.

Os desafios da prática pedagógica exigem que:

A elaboração e a reelaboração do conhecimento são componentes substanciais da aprendizagem, representando uma das maneiras mais efetivas de teor emancipatório. A elaboração própria é fundamental para a construção do Projeto Pedagógico individual e coletivo; introdução de inovações didáticas, tornando-se sujeito de propostas próprias e não apenas objeto de processos supostamente inovadores-executores de pacotes prontos; elaboração de material didático próprio que garanta a aprendizagem. (Plano Nacional de Graduação 1999, p. 17)

Com o intuito de apresentar sugestões e não receitas prontas e acabadas, optou-se por descrever algumas possibilidades do que pode vir a ser desenvolvido em cada fase do projeto pedagógico de aprendizagem. Os projetos criados pelo professor não precisam se apresentar nessa ordem nem contemplar todas as fases. Com certeza, de acordo com a realidade de cada professor, será necessário incluir fases e descartar outras. A criação depende da autonomia e da competência do docente. Para auxiliá-lo nessa nova caminhada, busca-se emprestar a experiência vivenciada como docente do mestrado em Educação da PUC-PR que vem acompanhando os professores universitários que são mestrandos e os que são orientandos de dissertação de mestrado e que estão dispostos a oferecer uma proposta de prática pedagógica renovada. Só essa nova prática poderá atender, da melhor maneira, às exigências da sociedade do conhecimento.

Projetos de aprendizagem colaborativa num paradigma emergente

A aprendizagem baseada em projetos demanda um ensino que provoque ações colaborativas num paradigma emergente, instrumentalizado pela tecnologia inovadora. Esse processo desafiador implica contemplar a produção do conhecimento dos alunos e do próprio professor.

A caminhada acadêmica com os professores universitários no mestrado em Educação da PUC-PR, preocupados em propor uma prática pedagógica inovadora, autoriza a sugerir algumas práticas advindas de reflexões e discussões realizadas no programa "Paradigmas contemporâneos na educação superior". O processo foi construído no compartilhamento que buscou investigar uma prática pedagógica relevante e significativa e na orientação de um número expressivo (28) de dissertações de mestrado, nas mais diversas áreas do conhecimento, que englobam vivências de ação docente num paradigma emergente. Essas vivências permitem emprestar essas experiências para os professores universitários.

O foco das dissertações orientadas foi a produção de projetos pedagógicos inovadores que procuraram atender aos pressupostos do paradigma emergente na ação docente e discente.

A visualização do quadro sinótico pode de pronto alicerçar opções e recursos para professores universitários que buscam construir seus próprios projetos de aprendizagem numa metodologia que venha atender ao paradigma emergente (abordagem progressista, ensino com pesquisa e visão holística instrumentalizados por tecnologia inovadora).

As fases ou passos propostos, como já foi indicado, não são estanques nem precisam ser ordenados desta maneira que estão apresentados. Cabe aos profissionais professores analisar e propor seu próprio projeto.

FASES DO PROJETO DE APRENDIZAGEM COLABORATIVA

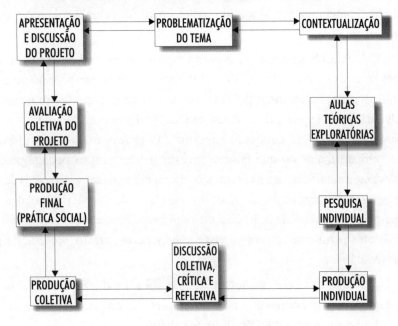

1ª fase: Apresentação e discussão do projeto

Numa primeira aproximação com os alunos, o professor precisa ter como maior preocupação a aprendizagem. Com essa visão deve construir um projeto de aprendizagem que envolva a temática proposta pela disciplina ou pelo conjunto de disciplinas. As fases propostas, descritas uma a uma, compõem uma minuta de um contrato didático que deve ser discutido com os alunos, pois, como afirma Masetto (1998, p. 22),

> é importante que o professor desenvolva atitude de parceria e co-responsabilidade com os alunos, que planejem o curso juntos, usando técnicas em sala de aula que facilitem a participação e considerando os alunos como adultos que podem se co-responsabilizar por seu período de formação profissional.

Ao discutir cada fase do projeto de aprendizagem, o professor deve tornar oportuna uma relação dialógica que valorize as contribuições dos alunos. Segundo Perrenoud (1999, p. 62), "a negociação é uma forma não só de respeito para com eles, mas também um desvio necessário para implicar o maior número possível de alunos em processos de projeto ou solução de problemas". As colocações dos alunos para enriquecer o projeto deverão ser absorvidas pelo professor e incorporadas à proposta inicial.

Com essa atitude de abertura crítica e reflexiva, o docente amplia sua proposta e envolve os alunos. É essa atitude de abertura que agrega o grupo para desenvolver um projeto de aprendizagem coletiva. De maneira colaborativa, desde o início do processo, o docente deve apresentar as fases do projeto, a bibliografia básica e os endereços eletrônicos que podem auxiliar para que haja uma visão do todo sobre a proposta metodológica. Os alunos passam a saber que esse é o primeiro passo de uma caminhada coletiva e compartilhada e que o sucesso depende do envolvimento e da parceria do grupo.

2ª fase: Problematização do tema

A problematização do tema é a fase essencial do projeto de aprendizagem. A criatividade e a competência do professor registram-se na proposição do problema. O professor como intelectual transformador precisa ter a visão de que a aprendizagem não se restringe a um ato mecânico. Mas precisa instigar a formação de cidadãos ativos e críticos, que irão atuar na comunidade, e para tanto a formação dos universitários deve oferecer situações de reflexão sobre a realidade concreta. O exercício de envolvimento dos alunos na temática proposta no projeto necessita de um processo de reflexão que leve ao levantamento de problemas relacionados ao tema do projeto. Se o professor alicerçar sua ação docente num ato político para formar cidadãos participativos, críticos e transformadores, deve considerar a contribuição de Giroux (1997, p. 163), que propõe:

Tornar o político mais pedagógico significa utilizar formas de pedagogias que incorporem interesses políticos que tenham natureza emancipadora, isto é, utilizar formas pedagógicas que tratem os estudantes como agentes críticos; tornar o conhecimento problemático; utilizar o diálogo crítico e afirmativo; e argumentar em prol de um mundo qualitativamente melhor para todas as pessoas. Em parte, isto sugere que os intelectuais transformadores assumam seriamente a necessidade de dar aos estudantes voz ativa em suas experiências de aprendizagem.

A maneira de provocar o aluno para a construção do problema desencadeia um processo de valorizar e instigar o envolvimento dos alunos para buscar soluções com referências à problemática levantada. A fase inicial depende do convencimento do grupo, para que, de maneira participativa, atue num processo de busca de produção do conhecimento. A reflexão e o questionamento instigam o aluno a ir buscar referenciais teóricos e práticos para responder à problematização.

O professor deverá ter a habilidade e a competência de levar os alunos a levantar em conjunto problemas ou perguntas de pesquisa, relacionados à temática proposta e que se aproximem da realidade que eles irão enfrentar na sua vida cotidiana e na sua vida profissional. O docente toma como ponto de partida problemas práticos, constituindo um processo problematizador, tendo em vista proposições para ações transformadoras.

A elaboração do problema requer investigação por parte do professor que, desde o primeiro momento do projeto de aprendizagem, deverá ter como referência as aptidões que deseja desenvolver no processo, bem como a elaboração de objetivos claros, definidos e relevantes sobre os conhecimentos que devem ser norteadores desse projeto. Os alunos poderão extrapolar os conhecimentos propostos pelo professor, mas deverão percorrer tópicos específicos indicados desde o início do projeto. O cuidado de selecionar os conhecimentos básicos que deverão envolver o projeto garante o cumprimento do programa de ensino. O professor deve saber para onde vai encaminhar a problematização e precisa instigar os alunos a ir com ele nessa caminhada. Nesse contexto, Cunha (1999, pp. 3-4) acrescenta:

> Inicialmente é necessário incorporar ao processo ensino-aprendizagem a categoria da dúvida como algo desejável. As certezas congelam a capacidade de reflexão. Como na pesquisa, o ensino que tem a dúvida como projeto de partida é capaz de trabalhar o conhecimento na sua provisoriedade, factível sempre de novas interpretações e acréscimos. É preciso ensinar o aluno a compreender que todo o conhecimento é uma produção histórica, produzida na contradição das relações humanas.

A problematização dá oportunidade para um processo de inquietação. Num primeiro momento, os alunos sentem-se desafiados a buscar referenciais que venham contribuir com a construção de alguns caminhos de solução. Os momentos iniciais são caracterizados pela turbulência, pelo agito, pela ansiedade de buscar caminhos que nunca foram trilhados. Aos poucos, os alunos vão-se envolvendo e percebendo que o sucesso da caminhada depende do desempenho de cada um deles como grupo. Torna-se importante que os estudantes entendam que não encontrarão respostas prontas, fechadas, absolutas e inquestionáveis, mas respostas possíveis para aquele momento histórico.

3ª fase: Contextualização

A contextualização incita a visão holística do projeto. O professor precisa argumentar e explorar o tema integralmente, instigar os alunos a visualizar o todo com suas referidas partes. Torna-se essencial que os alunos se localizem historicamente diante da temática proposta. Cabe valorizar e explorar o tema, mostrando a conexão e a inter-relação que se estabelecem com os tópicos a serem investigados.

Nessa fase do processo, torna-se importante analisar e refletir com os alunos como se realiza o ensino com pesquisa, o que o professor espera deles, o que eles podem esperar do professor, quais os recursos envolvidos no projeto, qual a participação e qual o envolvimento desejados, qual o compromisso que o grupo vai assumir no processo de produção do conhecimento. Como complementação do momento inicial, cabe enfatizar a parceria necessária para que ocorra a aprendizagem de todos os envolvidos no projeto.

A postura colaborativa permite uma tomada de decisão em grupo, razão pela qual se torna importante que o professor discuta com o grupo as primeiras dificuldades e o entendimento do projeto. Uma a uma deverão ser explicadas as fases, criando espaço para discussão, acompanhamento e sugestões do grupo. Torna-se importante levar em consideração as sugestões pertinentes e relevantes dos alunos. O professor pode analisar as contribuições e reestruturar, nesse momento, com os alunos as fases do projeto. Afinal, professor e alunos são parceiros nesse processo de aprender a aprender.

A condução consensual deverá ser contemplada no projeto como um todo. O docente precisa alertar os alunos sobre a tolerância e a convivência com as diferenças. A proposição de um ensino que tenha ênfase na aprendizagem não é tornar os alunos homogêneos, mas sim incentivá-los em suas inteligências múltiplas a buscar as diferenças com criticidade e criatividade. A somatória dos sucessos e das competências determinará a qualidade do projeto.

Os alunos devem tornar-se elementos importantes e ativos no processo e, ao serem desafiados pela problematização, passam a assumir uma postura de responsabilidade com relação à sua própria aprendizagem e à do grupo de forma geral. Desde o momento inicial, o professor precisa envolver os alunos e buscar o processo de colaboração. As contribuições individuais serão relevantes e imprescindíveis para o sucesso do grupo. A atitude de entreajuda precisa ser implementada procurando ultrapassar o espírito individualista e de competitividade.

O professor precisa estar atento para que na contextualização estejam presentes dados da realidade, os aspectos sociais, históricos, econômicos e outros referentes à problemática levantada. Deve ficar claro para o aluno que o problema proposto advém de um contexto maior e que naquele momento pode-se apresentar dessa maneira, mas que as respostas que possam ser alicerçadas não são absolutas e inquestionáveis.

Outro fator relevante a ser contemplado é a provisoriedade. Deve-se instigar o aluno para que reflita sobre os questionamentos e as possíveis soluções, não como respostas únicas e verdadeiras, mas como caminhos significativos para produzir seu conhecimento e o do grupo.

4ª fase: Aulas teóricas exploratórias

A fase das aulas teóricas exploratórias caracteriza-se como momentos em que o professor apresenta a temática e os conhecimentos básicos envolvidos com os seus tópicos e subtópicos. As aulas expositivas dialogadas precisam contemplar os temas, os conteúdos e as informações, para que o aluno perceba quais são os assuntos pertinentes à problematização levantada.

A função desse momento não é dar as respostas, mas estruturar e encaminhar os conteúdos envolvidos no projeto. O professor não deve exceder a dois ou três encontros com os alunos nesta fase. O objetivo é clarear e instrumentalizar os estudantes sobre os componentes do tema proposto pela problematização.

O valor dessa fase reside no esclarecimento para o aluno sobre a temática, pois ele iria encontrar um universo muito grande para pesquisar e demandaria muito tempo para depurar todos os assuntos que poderiam aparecer no processo investigativo. A experiência vivenciada nesta metodologia inovadora permite afirmar que as aulas teóricas exploratórias funcionam como a visão da ponta do *iceberg* que os alunos encontram ao pesquisar. Não se trata de direcionar os conhecimentos, mas de estabelecer parâmetros do que precisa ser investigado. Funciona como uma bússola norteadora do processo.

Ao apresentar os tópicos e subtópicos a serem pesquisados, o professor desencadeia um processo de investigação, que vai alicerçar o estudo independente do aluno, visando à progressiva autonomia intelectual e profissional. A apresentação e a discussão dos tópicos que podem instrumentalizar soluções para a problematização passam a funcionar como as categorias de pesquisa que o aluno deverá investigar.

A aula expositiva dialogada não precisa ser eliminada da prática pedagógica, mas deve ceder espaço para contemplar outras ações metodológicas. Portanto, na medida certa e necessária, o professor pode fazer uso desse procedimento.

Para a exposição oral, o professor pode contar com recursos variados de apresentação, como: fitas de vídeo, transparências, lâminas produzidas no PowerPoint, disquetes com os assuntos apresentados no monitor do computador, no canhão ou em tela própria. O docente pode apropriar-se de imagens, de textos e *sites* ou *homepages*, tornando a apresentação esclarecedora e interessante. Essa aula expositiva deve ser instigada pela visão de uma realidade social e reveladora desta. Ao ser desafiadora, estará cumprindo seu papel de provocar o aluno para uma aprendizagem crítica, criativa e transformadora.

5ª fase: Pesquisa individual

A fase da pesquisa individual contempla a ação efetiva do aluno e a sua inserção na sociedade do conhecimento. Com a problematização em vista, o aluno precisa buscar, acessar, investigar as informações que possam atender às soluções da problemática levantada.

O professor deve instigar e instrumentalizar os alunos alertando para os possíveis meios que possam auxiliá-los na pesquisa. Os meios disponíveis dependem da realidade na qual o docente está atuando. A oferta dos recursos para pesquisar pode ser interna ou externa à sala de aula e à escola. Dentre os recursos internos, encontram-se, entre outros, os livros, os periódicos, os CD-ROMs, os jornais, as fitas de vídeo, os filmes e a internet.

Aqui, cabe destacar a internet, porque este mecanismo tornou-se um "meio poderoso de transporte da informação e de conteúdo em crescente expansão, e, aos poucos, está se tornando o meio de comunicação entre as pessoas por excelência" (Gadotti *et al.* 2000, p. 253). Diante da possibilidade de acessar a internet na escola, em suas próprias casas, nas bibliotecas públicas, nos centros de informática e até mesmo no local de trabalho, os alunos podem ser beneficiados por uma ação pedagógica que, além de servir como instrumento de pesquisa, pode favorecê-los no acesso à rede de informação de maneira autônoma.

O professor deve preocupar-se em oferecer alguns endereços eletrônicos e se organizar para disponibilizar todos os demais endereços que os alunos forem encontrando na rede. Dessa maneira, colaborativamente, o acesso torna-se disponível a todo grupo.

A utilização da *web* enfatiza, de maneira geral, informações organizadas, como Gadotti (1999, p. 6) esclarece:

> O grande diferencial da Internet num futuro próximo estará no uso intensivo do hipertexto e da hipermídia. O hipertexto introduziu uma nova linguagem na educação. O texto é linear, isto é, construído, organizado, "tecido" a partir de uma seqüência de "linhas" que permitem "saída" ou "links", elos de ligação com outros textos, imagens, sons, etc. A Internet é essencialmente uma aplicação desta linguagem do hipertexto e principalmente do uso de diversas mídias (hipermídias). Com essa nova linguagem podemos navegar pelo assunto tratado, nos detendo no que mais nos interessa, aprofundando o que mais nos convém.

O aluno deve ser alertado para o fato de que, para acessar a internet, precisa ter criticidade, precisa saber o que está procurando, para não correr o risco de perder muito tempo navegando, explorando, sem encontrar com objetividade as informações necessárias ao desenvolvimento do projeto. Nem tudo que se apresenta na internet tem uma qualidade apurada, mas a grande maioria das páginas (*homepages*) e dos *links* possui informações relevantes e significativas.

A contribuição de Gadotti (1999, p. 254) pode esclarecer:

> A informatização na *Web* está organizada num conjunto de nós e "*links*". Usando a *Web*, os professores podem criar suas páginas na rede para guiarem os seus alunos por esta nova geografia mundial, para socializarem trabalhos de alunos, enviar resumos, exercícios, bibliografias, programas, etc. O educador pode também fazer *links* sobre a matéria para páginas relacionadas com o assunto, para que os alunos possam ter uma visão mais realista da matéria. (...) criar páginas *Web* é uma tarefa simples. Podem ser construídas através de programas como *Toolbook* ou *Front Page* que é a linguagem que a Internet entende.

Nesta fase da pesquisa individual, o professor, caso tenha uma *homepage*, pode disponibilizar o acesso aos seus alunos. De maneira geral, essa página do professor está organizada a fim de apresentar orientações e referências que poderão ser aproveitadas pelos alunos no processo de pesquisa e elaboração.

O professor pode criar uma *homepage* com as orientações e apresentar o projeto, na página, descrevendo passo a passo sua proposta, e apresentar para cada fase algumas possibilidades de navegações relevantes para pesquisar. Os endereços de busca podem ser disponibilizados nessa *homepage* e esse registro permite que uns ajudem os outros durante o processo. De maneira ilustrada, com auxílio de imagens e recursos de multimídia, pode explorar a elaboração dos conhecimentos envolvidos no projeto, servindo como documento norteador para a pesquisa.

Os recursos informatizados – em especial a internet – criam possibilidades ilimitadas, e os docentes poderão recorrer a eles durante todo o projeto. Um desses recursos é o *chat* ou fórum. O *chat* ou fórum, como já foi explicitado, são salas de visita na internet onde os alunos podem dialogar uns com os outros ou com o professor.

O *chat* é a interface gráfica que possibilita conversa com diversas pessoas ao mesmo tempo. Os *chats* podem ser exclusivos do grupo ou permitir a entrada de outros alunos. As *listas de discussão* são recursos que podem ser usados, pois possibilitam a inserção do navegador em grupos de pessoas que têm o objetivo de discutir um determinado assunto.

A sociedade do conhecimento dispõe de recursos eletrônicos relevantes e significativos. A disponibilidade da *world wide web* (www) foi marcante para a contribuição acadêmica na rede.

A *world wide web* é uma teia de informações com acesso a ambientes gráficos hipertextuais disponibilizando recursos multimídias. Os endereços eletrônicos são diversificados e infinitos. Cabe ao professor e ao aluno saber explorá-los com criticidade.

Como aluno e professor são colaboradores no projeto, podem disponibilizar informações no seu processo de investigação sobre o tema ou problema. Esse processo de investigação se amplia, pois os alunos podem procurar na rede informatizada os endereços de *sites* específicos fornecidos pelo professor e procurar endereços de *sites* ligados ao tema fornecido. Com o uso de ferramentas de pesquisa nacional e internacional, podem-se acessar os *sites* selecionados, analisar as informações e visitar os novos *sites* sugeridos (*links*). Os estudantes devem organizar anotações dos *sites* que poderão ser utilizados na pesquisa ou sugerir os "favoritos" para posterior pesquisa detalhada e coleta de imagens, gravação de textos e imagens, que subsidiarão o trabalho escrito ou apresentado. Nesse processo de busca, pode-se ingressar nos *sites* das bibliotecas em geral e nos das universidades brasileiras; dominando a língua estrangeira, é possível acessar também as bibliotecas internacionais.

Outro recurso que o docente pode oferecer para os alunos é o *correio eletrônico*, que possibilita a troca de informações e imagens via *e-mail* com outros integrantes dos grupos de pesquisa. Trata-se de ferramenta de comunicação escrita a distância via rede de computadores. O *e-mail* pode ser enviado e recebido independente do horário da escola. Os alunos podem comunicar-se entre si e com o professor. Uma das vantagens é que esse recurso eletrônico permite a comunicação intermitente.

O aluno precisa ser alertado de que, para pesquisar na internet, existem *páginas de procura* onde são colocadas palavras-chave e a página irá apontar todos os textos relacionados ao tema disponíveis na rede. Algumas ferramentas de pesquisa (Alta Vista, Cadê, Yahoo entre outras) possibilitam o acesso ao universo de informações.

Os textos podem ser selecionados e impressos. Para transportá-los pela rede, pode ser utilizado o *e-mail*. Os arquivos podem ser condensados pelo processo de *attachment* e enviados para outro usuário da rede ou impressos para trabalhar em sala de aula.

Nesse contexto, cabe o alerta que os professores têm apresentado como fator impedidor para utilizar a informática como ferramenta para prática pedagógica: o aluno não ter o computador e a escola não oferecer laboratórios de informática. A experiência vivenciada tem mostrado que os alunos arranjam um jeito de acessar a rede. Seja de sua casa, do escritório do pai, do seu local de trabalho, seja em prefeituras, em locais especiais, que oferecem recursos informatizados. No caso de Curitiba, por exemplo, existem os "Faróis do Saber", que oferecem à população de baixa renda e à comunidade em geral o acesso à rede de informação via internet. A realidade brasileira não tem permitido o acesso aos recursos tecnológicos a todos os cidadãos com igualdade, mas esse fator não deve servir como desculpa para isentar o professor de oferecer a melhor possibilidade metodológica que puder disponibilizar para seus alunos. Algumas universidades, faculdades e escolas de ensino fundamental e médio têm oferecido em suas bibliotecas acesso à rede informatizada, ao passo que outras agências educacionais possuem laboratórios de informática acessíveis à comunidade estudantil.

O fato de criar situações de interatividade pela rede eletrônica e na sala de aula mostra que "as trocas sociocognitivas ocorrem através de interação e colaboração entre os participantes e envolvem o compartilhamento de idéias, propostas, informações, dúvidas e questionamentos" (Tijiboy *et al.* 1998, p. 8). Os alunos precisam aprender a trabalhar com autonomia e responsabilidade. É necessário terem consciência de que sua participação individual precisa ser criteriosa e competente, para subsidiar a produção do seu próprio conhecimento e do grupo.

Na fase de pesquisa individual, os alunos deverão trazer para a sala de aula os referenciais pesquisados. As consultas da internet podem ser impressas para que possam estar disponíveis para todo o grupo. As consultas a livros e periódicos devem fazer parte desse processo de busca. Os alunos podem trazer fitas de vídeo profissionais ou elaboradas por eles mesmos. As múltiplas oportunidades devem ser colocadas como desafios a serem transpostos para colaborar com a riqueza e a qualidade do trabalho a ser elaborado individual e coletivamente.

6ª fase: Produção individual

Na fase da produção individual, pode ser proposta a composição de um texto próprio construído com base na pesquisa elaborada pelo aluno e no material disponibilizado pelo grupo. Essa tarefa pode ser realizada em sala de aula ou fora dela. Recomenda-se acompanhar esta fase em sala de aula ou nos laboratórios de informática, uma vez que da qualidade dessa elaboração depende o encaminhamento do projeto.

Os alunos trazem o material pesquisado e podem produzir o texto manuscrito ou pela rede informatizada, utilizando o programa de edição de texto, editores de planilhas, enfim, o registro e a manipulação dinâmica de informações escritas, sonoras e visuais combinadas, que já estejam disponíveis para acesso na rede.

O desafio do projeto é fazer com que o aluno redija, edite e imprima um texto produzido por ele mesmo, atendendo às normas técnicas da ABNT, e procurando exercitar os procedimentos de citação dos autores. Cabe o alerta de que esse texto não é cópia e o que for copiado deverá ser destacado, indicando autor, ano e página. Esta fase propicia a iniciação do aluno como pesquisador e produtor do seu próprio conhecimento. O volume de informações não se torna relevante se o estudante não elaborar os referenciais teóricos e práticos levantados.

Para que haja qualidade e seja possível o desencadeamento das fases posteriores, torna-se necessário que o professor indique algumas categorias ou tópicos que deverão estar presentes na produção do texto. Esses são os eixos norteadores de toda a pesquisa. Portanto, não é pesquisar e escrever qualquer coisa. Trata-se de depurar e elaborar a informação, tornando-a conhecimento.

A análise e a síntese são ações privilegiadas nesta etapa. O estudante, ao percorrer as informações investigadas, deve discernir o que é pertinente, para responder à problematização inicial e atender aos requisitos propostos no início do projeto. Com esse cuidado, o professor pode dar conta de cumprir a programação proposta pela sua disciplina ou para as disciplinas envolvidas no projeto.

O aluno deve navegar, criar, contextualizar, mas deverá ter objetividade para discernir o que é relevante ou não das informações levantadas. Talvez esta seja a fase mais importante para iniciá-lo como profissional e instrumentalizá-lo para uma educação continuada.

Independentemente do local em que o aluno for realizar esta etapa, deverá entregá-la ao professor para uma avaliação inicial do processo. Os alunos deverão saber desde o início do projeto quais serão os critérios para avaliação e quais os requisitos necessários para lograr êxito no processo. Neste momento histórico, a nota ainda é significativa para o aluno. Portanto, o professor precisa estabelecer e discutir com eles o valor de cada etapa.

Num primeiro momento, os alunos podem pensar que, por não haver prova de "decoreba", o processo será menos exigente. O fato é que essa proposta para ter êxito depende do envolvimento e da dedicação do aluno todo o tempo. Como a avaliação é processual e intermitente, os alunos precisam ter acesso sobre seu andamento e desempenho no processo. Numa relação dialógica, o docente deve interessar-se pelos alunos que possam estar sofrendo dificuldades no processo e com amorosidade auxiliá-los a acompanhar o projeto.

A experiência vivenciada nesta metodologia permite afirmar que o aluno, embora preocupado com sua avaliação, passa a ter um comportamento de entusiasmo pela transposição das dificuldades que possam ocorrer no desenvolvimento do projeto. Um exemplo pertinente é a satisfação do aluno quando consegue redigir seu texto. A criação e a produção trazem uma satisfação inquestionável a cada participação. O texto produzido nesta fase deverá ser entregue na data prevista, anteriormente discutida e contratada com os alunos desde o início do projeto. Cabem ao professor a correção dos textos e a recomendação para disponibilizá-los na rede.

7ª fase: Discussão coletiva, crítica e reflexiva

A fase da discussão coletiva, crítica e reflexiva acontece quando o professor devolve os textos produzidos individualmente pelos alunos e provoca a discussão sobre a problemática levantada e pesquisada. Cabe alertar que, embora a discussão coletiva seja contemplada em todas as fases, neste momento os alunos estão mais preparados para discutir seus avanços e suas dificuldades. O docente torna-se o orquestrador da discussão lançando questões pertinentes à problematização e que foram "descobertas" pelos alunos. O desencadeamento da discussão depende da condução do professor, que se torna um participante colaborador no grupo.

No dizer de Tijiboy *et al.* (1998, p. 8):

> Nestas trocas, os sujeitos confrontam seus pontos de vista com os dos outros desencadeando o seu pensamento e provocando a reflexão e conflitos sociocognitivos. Estes últimos dizem respeito à percepção do ponto de vista dos outros que sejam contrários ou não ao seu, à capacidade de entendê-los, respeitá-los e fazer relações provocando inicialmente um desequilíbrio essencial para que ocorra uma reestruturação do pensamento.

Esta fase propicia aos alunos a possibilidade de discutir e apresentar suas dúvidas. A tolerância e a convivência com as diferenças podem ser contempladas neste processo. Tal qual um profissional, o aluno precisa saber defender suas ideias, suas descobertas e argumentar sobre elas. Precisa, também, saber respeitar as opiniões dos companheiros, mesmo que ele não concorde com elas. O compromisso de formar o aluno começa pelo respeito com que trata seus colegas, sem o qual, não há clima para uma elaboração conjunta. Nesse processo, o professor torna-se figura imprescindível, gestando os conflitos e provocando situações que instiguem o consenso como decisão de grupo. Não há vencedores nem vencidos, mas um grupo aguerrido querendo aprender a aprender. Durante todo o projeto, e especialmente nesta fase, o compromisso de uma abordagem progressista deve sustentar o diálogo e a criticidade. O projeto está sendo desenvolvido com o objetivo de instrumentalizar os alunos para que provoquem a transformação da realidade social. Este princípio, o da transformação da realidade social, precisa estar presente, para que os alunos, futuros profissionais, entendam seu papel social de construtores de sua própria história e de sua comunidade.

Nesse sentido, a preocupação em oferecer situações de discussão crítica e reflexiva deve levar o aluno a pensar sobre seu papel como cidadão e sua responsabilidade em construir uma sociedade justa e igualitária.

A ação compartilhada e as parcerias deverão estar presentes no processo, pois

> o processo pedagógico caracterizado como "aprender a aprender" neste contexto inclui igualmente o pólo da extensão universitária, aquele que se desenvolve em parcerias com grupos sociais no contexto da sociedade que integra cidadão. Trata-se do ensino e da pesquisa articulados com as demandas sociais. (Plano Nacional de Graduação 1999, p. 12)

A oportunidade de discutir criticamente uma temática vai além do conteúdo em si, pois permite refletir sobre a contribuição e a responsabilidade dos alunos e dos professores como cidadãos.

Outro fator relevante do processo – especialmente nesta fase – é a possibilidade de preparar os alunos para trabalhar em parcerias, buscar consenso, desenvolver processo de entreajuda e vivenciar situações de conflitos. Tendo em vista os fins propostos,

> a educação superior deve se preocupar com os cursos e programas que possibilitem a formação do cidadão para atuar nos processos de transformação social e criar alternativas com potencial para enfrentar as problemáticas que emergem do mundo contemporâneo. (Plano Nacional de Graduação 1999, p. 18)

Os alunos precisam entender que a aprendizagem ocorre ao longo da vida e que esses momentos vivenciados no projeto têm a finalidade de provocar um processo que leve a refletir, discutir e atingir a produção do conhecimento. Mas, muito além da busca do produto, a metodologia de ensino baseado em projetos com inserção de situação-problema está interessada no processo que se consolida na interação e na aprendizagem colaborativa. Trata-se de vivenciar uma nova experiência e buscar uma outra maneira de ver o mundo, uma outra maneira de viver, de preferência em harmonia, num espaço de conquistas e sucessos do grupo, com atitude solidária e ética. A interação e a colaboração entre os participantes envolvem o compartilhamento de ideias, propostas, informações, dúvidas e questionamentos. Nessas trocas, os sujeitos do processo confrontam suas produções individuais, desencadeando o seu pensamento e provocando sua reflexão crítica.

A fase da discussão crítica e reflexiva propõe situações de apresentação das sínteses do próprio aluno, de confrontação sobre a investigação nas variadas fontes, de convergência ou divergência do que os autores propõem em suas obras. Por sua vez, provoca a percepção dos pontos de vista dos outros, quer sejam favoráveis, quer contrários ao seu, a capacidade de entendê-los, respeitá-los, estabelecer relações, provocando inicialmente um desequilíbrio, para que ocorra uma reestruturação do pensamento. O grande encontro dialógico entre professores e alunos leva a entender a reflexão de Freire (1993, p. 12) quando afirma: "Uns ensinam e, ao fazê-lo, aprendem. Outros aprendem e, ao fazê-lo, ensinam".

A liberdade de expressão, fator marcante nesta fase, respeitosa e criteriosa, provoca a conscientização e a participação efetiva, tornando os alunos corresponsáveis pela sua própria aprendizagem. Para Moraes (1997, p. 138), o aluno é um sujeito de práxis

> de ação e reflexão sobre o mundo, que não pode ser compreendido fora de suas relações dialéticas com o mundo. Alguém que é sujeito e não objeto, que constrói o conhecimento na sua interação com o mundo, com os outros, que organiza a sua própria experiência e aprende de um jeito que lhe é original e específico.

Enfim, pretende-se nesta fase uma relação dialógica amorosa (Freire 1993) em que todos sejam responsáveis pela qualidade do processo e da aprendizagem.

8ª fase: Produção coletiva

A fase da produção coletiva revela a possibilidade de aprender a trabalhar em parcerias com responsabilidade. A proposição é produzir um texto coletivo tendo por base as produções individuais e as reflexões e contribuições da discussão coletiva.

O professor deve alertar os alunos de que os textos terão de ser produzidos com base em categorias elencadas desde o começo do projeto. Não se trata de escrever qualquer texto, mas de estruturar, discutir e depurar as produções individuais como numa teia, com os conhecimentos levantados sendo costurados por eles. Esse processo demanda coleguismo, respeito e seriedade. A experiência vivenciada permite-nos observar que, num primeiro momento, os alunos discutem e querem fazer valer a sua produção individual, mas, no desencadear do processo, passam a perceber que, se conseguirem amarrar e tecer as produções individuais, terão qualidade superior na produção coletiva.

Um ponto fundamental nesta fase é a recomendação sobre o atendimento das normas técnicas (ABNT). Iniciados como pesquisadores, precisam ter cuidado com as citações dos autores e com sua indicação na bibliografia – que deve acompanhar a produção individual e coletiva. Para acompanhar o processo, o professor deve pedir para que os alunos entreguem a produção coletiva, anexando as produções individuais. Esse cuidado permite observar quanto cada aluno produziu e o avanço na produção coletiva.

A experiência com professores que se propuseram a oferecer esta metodologia para seus alunos autoriza a recomendar que as produções coletivas sejam propostas em grupos de três ou no máximo quatro elementos. Como o envolvimento torna-se essencial, o professor não pode correr o risco de alguns alunos não participarem com responsabilidade.

Nesta fase, depois de entregues para o docente analisar, os textos coletivos podem tornar-se disponíveis na *homepage* do professor ou em alguma página da rede que aceite contribuições sobre o tema proposto. Essa atitude abre um universo privilegiado para o aluno reconhecer nas suas produções, mais que a preocupação pragmática da nota, a produção de sua aprendizagem e o compartilhamento com o grupo.

9ª fase: Produção final (prática social)

A fase da produção final propicia o espaço para criar, para buscar um salto maior que os registros nos papéis ou na rede informatizada. Essa fase deverá ser combinada desde o início do projeto e discutida durante o processo, quando então os alunos poderão decidir como irão realizá-la. Algumas experiências têm mostrado que a escolha da maneira ou ação de apresentar a produção final envolve e responsabiliza o aluno pela criação na arte-final.

Como sugestões a serem oferecidas aos alunos, indicam-se alguns procedimentos significativos para apresentação da produção final. Além da disponibilização na rede informatizada, os alunos podem criar uma página própria na internet para expor seus avanços e suas dúvidas.

As universidades deveriam ter a preocupação de propor a publicação de uma revista acadêmica, na qual fosse criado espaço para os alunos colocarem suas contribuições. A informatização propicia facilidade para compor uma revista envolvendo as produções dos alunos. Essa atitude inicia os estudantes no prazer e na responsabilidade de ver sua pesquisa e a de seus pares acessível para sofrer elogios e críticas da comunidade acadêmica. Se não for possível realizar formalmente, o professor pode criar a possibilidade de compor a publicação informalmente para circulação no próprio grupo.

Outra atividade a ser desenvolvida pode ser a composição de peças e de apresentações públicas na escola. As dramatizações, as encenações e a criação de campanhas na comunidade baseadas nos referenciais do projeto requerem iniciativa, envolvimento, espírito crítico e criativo.

Nesse processo, o professor fica sempre preocupado com o tempo, mas cabe perguntar aos docentes que tiveram tanto tempo para trabalhar com aulas expositivas: Será que os alunos aprenderam? Trata-se de tempo ou de aprendizagem para vida?

As possibilidades são ilimitadas e, nesta fase, o professor deve permitir que os alunos sugiram como eles gostariam de apresentar a produção final.

10ª fase: Avaliação coletiva do projeto

A fase de avaliação coletiva do projeto de aprendizagem contempla os momentos de reflexão sobre a participação dos alunos e do professor no processo. Para que haja uma discussão produtiva a respeito da caminhada na produção do conhecimento, o docente deve instigar a avaliação de cada fase e levantar os pontos positivos e as dificuldades encontradas em cada momento da proposta. A avaliação do processo permite realinhar alguma fase ou atividades propostas no desencadear do projeto de aprendizagem e cria suporte para subsidiar a autoavaliação do aluno, do professor e do grupo como um todo. Esse momento rico e significativo acaba auxiliando o desenvolvimento da maturidade do grupo que, numa discussão dialógica e amorosa, avalia os sucessos e o significado da participação de todos os elementos do grupo.

Aprendizagem para a sociedade do conhecimento: A busca das competências e da autonomia

Uma prática pedagógica num paradigma emergente que alicerça ensino com pesquisa, numa visão holística com uma abordagem progressista, sem dúvida, trará para a universidade uma produção de conhecimento significativa e relevante que propicie a formação de cidadãos éticos e competentes para construir uma sociedade mais justa e igualitária.

Os projetos de aprendizagem possibilitam a produção do conhecimento significativo. Os alunos que se envolvem nesses processos de parceria têm a oportunidade de desenvolver competências, habilidades e aptidões que serão úteis a vida toda. O foco da ação docente passa do ensinar para o aprender e, por consequência, focaliza o aluno como sujeito crítico e reflexivo no processo de "aprender a aprender", propiciando-lhe situações de busca, de investigação, autonomia, espírito crítico, vivência de parcerias, qualidades exigidas para os profissionais no século XXI. Para Perrenoud (1999), o desafio de aprendizagem por projetos propõe que estes envolvam situações-problema, com metodologias diferenciadas. O autor alerta os professores para

> considerar os conhecimentos como recursos a serem mobilizados; trabalhar regularmente por problemas; criar ou utilizar outros meios de ensino; negociar e conduzir projetos com seus alunos; adotar um planejamento flexível e indicativo e improvisar; implementar e explicar um novo contrato didático; praticar uma avaliação formadora em situações de trabalho; dirigir-se para uma menor compartimentalização disciplinar. (*Ibidem*, p. 53)

A opção metodológica num paradigma emergente assenta-se em ações diferenciadas, como saber pensar, aprender a aprender, aprender a conviver, aprender a ser, aprender a fazer, aprender a conhecer e a se apropriar dos conhecimentos disponíveis e produzir conhecimentos próprios. Ao depararem com uma proposta metodológica emergente, os alunos podem apresentar resistências, pois são desafiados a trabalhar de maneira diferenciada. Segundo Perrenoud (*ibidem*, p. 68):

> Quando confrontados com docentes que procuram realmente negociar o sentido do trabalho e dos conhecimentos escolares, os alunos, via de regra, após um período de ceticismo, aceitam e mobilizam-se, se lhes for proposto um contrato didático que respeite sua pessoa e sua palavra. Tornam-se, então, parceiros ativos e criativos, que cooperam com o professor para criar novas situações-problema ou conceber

novos projetos. Se, ao contrário, o professor estiver apenas meio convencido, como ganhar a adesão dos alunos?

O convencimento e a qualidade da atuação docente num processo de aprendizagem por projetos baseados em situação-problema dependem da qualificação do professor como profissional. A consistência teórica e metodológica do professor para atuar nesse novo paradigma depende da proposição de formação continuada, da oportunidade de discutir com seus pares seus sucessos e suas dificuldades, e, principalmente, de momentos que contemplem a reflexão sobre a ação pedagógica que venham desencadear novos processos de atuação em sala de aula.

O desafio de um paradigma emergente na prática pedagógica dos professores universitários já vem sendo delineado por alguns deles, que, ao refletirem sobre a sua ação docente, passaram a oferecer aos seus alunos processos de aprendizagem para toda a vida, que venham atender às exigências do século XXI. Os professores que se anteciparam perceberam que seus alunos são pessoas capazes, éticas, talentosas, felizes e humanas.

Referências bibliográficas

BEHRENS, Marilda Aparecida (1996a). *Formação continuada e a prática pedagógica*. Curitiba: Champagnat.

_____ (1996b). "O desafio da universidade frente ao novo século". *In*: FINGER, Almeri Paulo *et al. Educação: Caminhos e perspectivas*. Curitiba: Champagnat,

_____ (1998). "A formação pedagógica e os desafios do mundo moderno". *In*: MASETTO, Marcos (org.). *Docência na universidade*. Campinas: Papirus.

_____ (1999). *O paradigma emergente e a prática pedagógica*. Curitiba: Champagnat.

BOAVENTURA, Edivaldo e PÉRISSE, Paulo (1999). "Educação e globalização: Uma perspectiva planetária". *Ensaio: Avaliação das políticas públicas em educação*. Rio de Janeiro: Fundação Cesgranrio, v. 7, n. 22, jan.-mar., pp. 83-90.

CAPRA, Fritjof (1995). *A teia da vida: Uma nova compreensão científica dos sistemas vivos*. São Paulo: Cultrix.

CARDOSO, Clodoaldo Meneguello (1995). *A canção da inteireza: Uma visão holística da educação*. São Paulo: Summus.

CHIKERING, Arthur W. e EHRMANN, Stephen (1999). Implementing the seven principles: Technology as lever. [Disponível na internet: http://www.tltgroup.org/programs/seven.html, acesso em 26/2/2013.]

CUNHA, Maria Isabel (1996). "Ensino com pesquisa: A prática do professor universitário". *Cadernos de Pesquisa*, n. 97, início. São Paulo, pp. 31-46.

_____ (1997). "Aula universitária: Inovação e pesquisa". *In*: MOROSINI, Marília e LEITE, Denise (orgs.). *Universidade futurante. Produção do ensino e inovação*. Campinas: Papirus.

_____ (1999). "A avaliação no ensino superior". *Educação em debate. Cadernos de graduação*. PUC-PR, jun.

DELORS, Jacques *et al*. (1998). *Educação: Um tesouro a descobrir – Relatório para Unesco da Comissão Internacional sobre Educação para o Século XXI*. São Paulo: Cortez/Unesco.

DEMO, Pedro (1991). *Pesquisa: Princípios científicos e educativos*. São Paulo: Cortez.

_____ (1994). *Pesquisa e construção do conhecimento. Metodologia científica no caminho de Habermas*. Rio de Janeiro: Tempo Brasileiro.

_____ (1996). *Educar pela pesquisa*. Campinas: Autores Associados.

DRYDEN, Gordon e VOS, Jeannette (1996). *Revolucionando o aprendizado*. São Paulo: Makron Books.

FREIRE, Paulo (1975). *Pedagogia do oprimido*. Rio de Janeiro: Paz e Terra.

_____ (1993). *Pedagogia da esperança: Um reencontro com a pedagogia do oprimido*. Rio de Janeiro: Paz e Terra.

_____ (1997). *Pedagogia da autonomia: Saberes necessários à prática educativa*. Rio de Janeiro: Paz e Terra.

GADOTTI, Moacir (1999). Ciberespaço da formação continuada: Educação à distância com base na internet. [Disponível na internet: http://siteantigo.paulofreire.org/pub/Institu/SubInstitucional1203023491It003Ps002/Ciberespa%E7o_formac_continuada_1999.pdf, acesso em 28/2/2013.]

GADOTTI, Moacir *et al.* (2000). *Perspectivas atuais da educação*. Porto Alegre: Artes Médicas Sul.

GARDNER, Howard (1994). *Estruturas da mente: A teoria das inteligências múltiplas*. Porto Alegre: Artes Médicas.

GIROUX, Henry (1997). *Os professores como intelectuais: Rumo a uma pedagogia crítica da aprendizagem*. Porto Alegre: Artes Médicas.

GOLEMAN, Daniel (1996). *Inteligência emocional*. São Paulo: Objetiva.

GUTIÉRREZ, Francisco (1997). *Ecopedagogía y ciudadanía planetária*. Costa Rica: Editorialpce.

_____(1999). *Ecopedagogia e cidadania planetária*. São Paulo: Cortez/Instituto Paulo Freire.

KENSKI, Vani Moreira (1998). "Novas tecnologias. O redimensionamento do espaço e do tempo e os impactos no trabalho docente". *Revista Brasileira de Educação* n. 7, Associação Nacional de Pós-graduação e Pesquisa em Educação, jan.-abr.

LÉVY, Pierre (1993). *As tecnologias das inteligências: O futuro do pensamento na era da informática*. Rio de Janeiro: Editora 34.

_____ (1999a). *Inteligência coletiva: Por uma antropologia do ciberespaço*. 2ª ed. São Paulo: Loyola.

_____ (1999b). *Cibercultura*. São Paulo: Editora 34.

MASETTO, Marcos (org.) (1998). *Docência na universidade*. Campinas: Papirus.

MORAES, Maria Cândida (1997). *O paradigma educacional emergente*. Campinas: Papirus.

PAOLI, Nuivenius J. (1988). "O princípio da indissociabilidade do ensino e da pesquisa: Elementos para uma discussão". *Cadernos Cedes*, n. 22. *Educação Superior: Autonomia, extensão e qualidade*. São Paulo: Cortez.

_____ (1992). *Para repensar a universidade e a pós-graduação*. Campinas: Ed. da Unicamp.

PERRENOUD, Philippe (1999). *Construir as competências desde a escola*. Porto Alegre: Artes Médicas Sul.

PIMENTEL, Maria da Glória (1993). *O professor em construção*. Campinas: Papirus.

PLANO NACIONAL DE GRADUAÇÃO (1999). Um projeto em construção. Fórum de Pró-reitores de Graduação (Forgrad). [Disponível na internet: http://www.pp.ufu.br/Plan_Grad.htm, acesso em 25/2/2013.]

RÉGNIER, Erna Martha (1995). "Educação/formação profissional: Para além dos novos paradigmas". *Boletim Técnico do Senac*, v. 1, n. 21, jan.-fev., Rio de Janeiro.

RHEINGOLD, Howard (1991). *Virtual reality*. Nova York: Simon & Schuster.

SANTOS, Boaventura (1989). *Introdução a uma ciência pós-moderna*. Rio de Janeiro: Graal.

SEABRA, Carlos (1994). *Software educacional e telemática: Novos recursos para a escola.* [Disponível na internet: http://penta.ufrgs.br/edu/edu3375/leciona.htm.]

TIJIBOY, Ana *et al.* (1998). "Aprendizagem cooperativa em ambientes telemáticos". *Revista Informática na Educação: Teoria & Prática*, UFRGS, v. 1, n. 2, maio, Porto Alegre, pp. 19-28. [Disponível na internet: http://www.seer.ufrgs.br/InfEducTeoriaPratica/article/view/6267/3735, acesso em 25/2/2013.]

WEIL, Pierre (1991). "O novo paradigma holístico: Ondas à procura do mar". *In*: BRANDÃO, Denis e CREMA, Roberto. *O novo paradigma holístico: Ciência, filosofia, artes e mística*. São Paulo: Summus.

WEIL, Pierre; D'AMBROSIO, Ubiratan e CREMA, Roberto (1993). *Rumo à nova transdisciplinaridade: Sistemas abertos de conhecimento*. São Paulo: Summus.

3
MEDIAÇÃO PEDAGÓGICA E TECNOLOGIAS DE INFORMAÇÃO E COMUNICAÇÃO

Marcos T. Masetto

Tecnologias, aprendizagem e mediação pedagógica

Esses são conceitos que sempre se integraram quando os discutimos sob o enfoque da educação.

Algum tempo atrás, a polêmica se instaurava sobre o uso ou não de tecnologias no processo educacional em virtude da identificação da tecnologia com o uso apenas operacional e comportamentalista das estratégias desvinculadas das preocupações com o desenvolvimento das pessoas.

A superação desse embate se deu pelo resgate da importância do processo de aprendizagem em nossas instituições escolares e pelo debate da integração do uso das tecnologias com a atitude de mediação pedagógica dos professores.

Nossas reflexões acerca do processo de aprendizagem e tecnologia nos chamaram a atenção para quatro pontos: o conceito mesmo de aprender, o papel do aluno, o papel do professor e o uso da tecnologia.

O conceito de aprender está ligado diretamente a um sujeito (que é o aprendiz) que, por suas ações, envolvendo ele próprio, os outros colegas e o professor, busca e adquire informações, dá significado ao conhecimento, produz reflexões e conhecimentos próprios, pesquisa, dialoga, debate, desenvolve competências pessoais e profissionais, atitudes éticas, políticas, muda comportamentos, transfere aprendizagens, integra conceitos teóricos com realidades práticas, relaciona e contextualiza experiências, dá sentido às diferentes práticas da vida cotidiana, desenvolve sua criticidade, a capacidade de considerar e olhar para os fatos e fenômenos de diversos ângulos, compara posições e teorias, resolve problemas. Numa palavra, o aprendiz cresce e desenvolve-se.

E o professor, como fica nesse processo? Desaparece? Absolutamente. Aqui ele tem oportunidade de realizar o seu verdadeiro papel: o de mediador entre o aluno e sua aprendizagem, o facilitador, incentivador e motivador dessa aprendizagem.

O professor assume uma nova atitude. Embora, vez por outra, ainda desempenhe o papel do especialista que possui conhecimentos e/ou experiências a comunicar, o mais das vezes ele vai atuar como orientador das atividades do aluno, consultor, facilitador, planejador e dinamizador de situações de aprendizagem, trabalhando em equipe com o aluno e buscando os mesmos objetivos. Em resumo: ele vai desenvolver o papel de mediador pedagógico.

Trabalhar com tecnologias visando criar encontros mais interessantes e motivadores dos professores com os alunos não significa privilegiar a técnica de aulas expositivas e recursos audiovisuais, mais convencionais ou mais modernos, que são usadas para a transmissão de informações, conhecimentos, experiências ou técnicas.

Não significa simplesmente substituir o quadro-negro e o giz por algumas transparências, por vezes tecnicamente mal-elaboradas ou até maravilhosamente construídas num PowerPoint, ou começar a usar um *datashow*.

A variação de estratégias responde também pela necessidade de respeitar os ritmos diferentes de aprendizagem de cada aprendiz. Nem todos aprendem do mesmo modo, no mesmo ritmo e ao mesmo tempo.

Mediação pedagógica e tecnologias de informação e comunicação (TICs)

Atualmente, um novo momento acontece que reabre a questão do uso ou não de tecnologias no processo educacional. Trata-se do desenvolvimento das tecnologias de informação e comunicação (TICs), com o uso da internet e do computador, com o acesso imediato e em tempo real às informações, ao conhecimento, às experiências e projetos inovadores, com a possibilidade de socialização imediata das pesquisas, com o surgimento, a multiplicação e a diversidade dos aparelhos eletrônicos e *games* digitais.

Com o desenvolvimento da cultura digital, que molda nossa forma de pensar e raciocinar, com o incentivo a cursos a distância, a divulgação e a ampliação dessa modalidade na graduação, na especialização e até na pós-graduação *stricto sensu*, a educação se vê totalmente envolvida por essa cultura, presente nas escolas, nas universidades, nas aulas, por meio dos programas das disciplinas e das atividades didáticas.

Esse cenário envolve totalmente o professor em sua função docente, colocando-o na contingência de conhecer os novos recursos tecnológicos, adaptar-se a eles, usá-los e compreendê-los em prol de um processo de aprendizagem mais dinâmico e motivador para seus alunos. Novamente, a mediação pedagógica entra em discussão.

De onde surge a pergunta de imediato: como desenvolver uma mediação pedagógica em ambientes virtuais e digitais, como realizar uma mediação pedagógica em cursos de educação a distância, como realizar uma mediação pedagógica quando utilizamos os atuais recursos tecnológicos como apoio às atividades presenciais em sala de aula?

É interessante ouvirmos professores especialistas que trabalham com a aprendizagem em ambientes virtuais e digitais e que perceberam a importância da mediação pedagógica nesses ambientes.

Palloff e Pratt, nos capítulos 6 e 11 do livro *O aluno virtual*, ao comentarem sobre a mediação pedagógica num ambiente virtual, chamam a atenção para aspectos como

> a necessidade de a mediação se realizar como orientação com relação ao conhecimento básico da internet e da informática: aprender a usar navegador, acessar *sites*, usar o ambiente *on-line* do curso, salvar e imprimir materiais, fazer pesquisas básicas na internet e enviar *e-mails*, aprender a usar o processador de texto. Por vezes, o professor assume como pressuposto que todos os alunos já possuem as habilidades fundamentais para trabalhar com o computador e vários alunos sentem dificuldade de usar o computador ou um *site* porque não conhecem esses fundamentos.
> (...)
> O aluno precisa ver o professor como guia que cria a estrutura e o ambiente, permitindo que os alunos em conjunto criem o conhecimento. Compreender que o professor os ajuda a começar a jornada do descobrimento e que é responsabilidade do aluno continuar o processo de sua aprendizagem.
> (...)
> Espera-se do aluno virtual que ele interaja com o professor e com os colegas. Alguns alunos entram no ambiente virtual ou no *site* apenas para verificar se há alguma novidade, ou só para se informar, ou para ver se há algo que eles possam aproveitar para seu trabalho. Esta atitude configura individualismo e pouca responsabilidade de contribuir com os outros no processo de aprendizagem e estes se sentem lesados em seu desenvolvimento. A atitude de mediação do professor poderá ajudar o aluno a participar das atividades no ambiente virtual trazendo sua colaboração, sua participação e

interagindo ativamente com o professor e com os colegas. (Palloff e Pratt 2004, pp. 88-91)

As autoras atentam para o trabalho com *feedback* contínuo como uma forma de se desenvolverem a mediação e a orientação e também para incentivar a autodescoberta e a autonomia do aluno.

Um momento privilegiado de mediação se dá por ocasião do início de um curso ou de uma disciplina, quando se procura que os alunos descubram a importância e a relevância da disciplina a ser aprendida e se negociam o programa da disciplina (seus objetivos, temas, metodologias, avaliação, bibliografia), as regras e combinações que vão orientar as atividades, as responsabilidades mútuas e compartilhadas entre os participantes (professor e alunos), enfim, as regras da *netiqueta* e de sua revisão, quando necessária.

A disponibilidade do professor para atender às solicitações dos alunos, deixando-lhes claro quem poderá ajudá-los, em que momentos e como deverão fazer para obter essa ajuda são informações básicas de mediação que facilitarão a aproximação entre alunos e professor.

Palloff e Pratt destacam a atuação do professor como incentivador dos alunos para que sejam responsáveis por seu processo de aprendizagem, incentivador das atividades de interação entre os alunos e incentivador da reflexão e do pensamento crítico como atitudes de mediação e dedicação à aprendizagem destes.

Lina Morgado (2005), em seu capítulo "Novos papéis para o professor/tutor na pedagogia *on-line*", chama a atenção para a interação e a mediação que deverão se desenvolver considerando os elementos centrais de um curso *on-line* ou a distância, que são a comunicação mediada por computador, a comunicação síncrona e assíncrona e as interações colaborativas visando à aprendizagem colaborativa.

Aponta igualmente uma diversificação dos tipos de interação num ambiente virtual: interação estudante-conteúdo, professor-estudante,

estudante-estudante, grupo sala-grupo sala, salas entre si, interações estas que possibilitam a perspectiva de criação de comunidades de aprendizagem, objeto da mediação pedagógica num curso a distância.

E-moderação é a expressão com a qual Lina Morgado se refere à mediação pedagógica. Trabalhando o mesmo conceito, Paulo Dias (2010), da Universidade do Minho, Portugal, em um capítulo intitulado "Da e-moderação à mediação colaborativa nas comunidades de aprendizagem", assim se expressa:

> O principal papel do e-moderador consiste em promover o envolvimento dos participantes de modo que o conhecimento por eles construído seja utilizável em novas e diferentes situações. Promover um processo de construção e significados, e não de transmissão de conteúdos (...) Com efeito, a experiência educacional emerge da combinação entre adequada organização das atividades de aprendizagem, contexto e estilo de intervenção e o acompanhamento do moderador. (Dias 2010, p. 237)

> São funções do moderador a organização da comunidade, a disponibilização das sequências dos conteúdos e a gestão das aprendizagens por meio do incentivo à participação e avaliação dos processos. (*Ibidem*, p. 241)

O autor ainda acentua o papel central do e-moderador na formação da rede de aprendizagem e na dinamização das atividades que ocorrem no grupo.

É interessante observar que esses autores que acabamos de citar, ao tratarem da mediação pedagógica em seus respectivos campos de atuação (cursos a distância e *on-line*, ambiente virtual) e dentro da especificidade de seus termos e conceitos, abordam a temática da mediação pedagógica e das tecnologias da informação e comunicação com ideias e concepções muito próximas às de outros autores que também se debruçam sobre esse tema, procurando explicá-lo em sua realidade de um processo de aprendizagem presencial.

Para exemplificar, citamos o comentário de Francisco Imbernón (2012, p. 51), quando reflete sobre mediação pedagógica:

> Professores e alunos compartilham a atividade de aprender. Os professores promovem e organizam atividades de participação. O estudante é visto como um sujeito ativo que adquire, processa e avalia seu conhecimento. Os professores devem trabalhar na criação de situações para ativar a participação dos estudantes nos métodos de ensino centrados neles.

Saturnino de La Torre, em seu livro *Estratégias didáticas en el aula: Buscando la calidad y la innovación*, assim se expressa:

> O papel do docente, em lugar de centrar-se na explicação, assume um caráter estimulador, mediador, criador de cenários e ambientes. Esta é a novidade teórica de nosso planejamento didático. A teoria de didática que defendemos é uma teoria de mediação. As estratégias fazem essa função mediadora integrando teoria e prática. (De La Torre 2008, pp. 9-10)

Interessante que este autor, como os anteriormente citados, aponta uma forte relação entre o processo de mediação realizado pelo professor e as situações de aprendizagem, atividades e técnicas por ele programadas, como a dizer que concretamente o processo de mediação, partindo da atitude de disponibilidade do professor, realiza-se e materializa-se por meio das atividades, das técnicas e das práticas programadas na disciplina.

Maria Cândida de Moraes (*apud* De La Torre 2008, p. 10) entende a mediação pedagógica como

> "um processo comunicativo, conversacional, de co-construção de significados" e que tem por objetivos abrir um diálogo e facilitá-lo, desenvolver a negociação significativa de processos e conteúdos para serem trabalhados nos ambientes educativos, e incentivar a construção de um saber relacional, construído na interação professor-aluno.

Para Ken Bain (2007, pp. 125-132), o exercício da mediação pedagógica concretiza-se por meio de algumas atitudes, como:

- estarmos em aulas como docentes por causa de nossos alunos e não por causa das disciplinas, o que na prática quer dizer: em aula pensemos primeiro nas pessoas (alunos) que ali estão para se educar, se desenvolverem com a nossa colaboração e com a coparticipação de seus colegas, depois, em segundo lugar, considerar que essa aprendizagem se fará também mediante disciplinas com as quais trabalhamos;
- propor que os alunos sempre comecem a estudar um assunto com base em sua própria perspectiva, de suas experiências vitais, pessoais ou profissionais;
- utilizar os tempos de aula e fora dela para, com apoio das novas tecnologias, ajudar os estudantes a pensar sobre a informação e as ideias;
- ensiná-lo a buscar o que é mais pertinente, orientando a busca;
- ajudar e orientar o aluno a navegar no imenso oceano de informações disponíveis;
- construir critérios para a seleção das informações. Há muita informação e os alunos não sabem o que fazer com elas, nem discriminar o que é relevante e importante do que não vale a pena;
- orientar e ajudar os alunos a desenvolver habilidades de intercambiar com outros alunos e profissionais de outras universidades informação e experiências;
- vivemos um grande descompasso; nós professores continuamos a ensinar e transmitir informações, e nossos alunos precisam que se lhes ensinem critérios para integrar em suas estruturas intelectuais o que lhes seja útil para seu processo de aprendizagem.

Ampliando nossa reflexão sobre mediação pedagógica e as tecnologias de informação e comunicação

Retomemos a questão das oportunidades que a informática e a telemática proporcionaram a seus usuários – dentre eles, obviamente, alunos e professores:

- oportunidade de entrar em contato com as mais novas e recentes informações, pesquisas e produções científicas do mundo todo, em todas as áreas;
- oportunidade de desenvolver a autoaprendizagem e a interaprendizagem a distância, valendo-se dos microcomputadores que se encontram disponíveis a todas as pessoas, permitindo o surgimento de novas formas de construir o conhecimento, realizar as atividades didático-pedagógicas, produzir trabalhos monográficos e relatórios científicos;
- possibilidade de integrar movimento, luz, som, imagem, filme, vídeo em novas apresentações de resultados de pesquisa e de temas para as aulas;
- possibilidade de orientar os alunos em suas atividades não apenas nos momentos de aula, mas nos períodos "entre aulas" também;
- desenvolvimento da criticidade para se situar diante de tudo o que se vivencia por meio do computador e aprender a selecionar o que é verdadeiro e relevante para seu desenvolvimento;
- incentivo à curiosidade para buscar coisas novas; e, por fim, colaboração para a reflexão crítica e ética diante dos valores contemporâneos.

Com essas novas tecnologias também se desenvolvem processos de aprendizagem a distância. Exemplos disso são as listas e os grupos de discussão; a elaboração de relatórios de pesquisa; a construção em conjunto de conhecimentos e de textos que espelham o conhecimento produzido; os *e-mails*, que colocam professores e alunos em contato fora dos horários de aula; a facilidade e a rapidez de troca de informações e trabalhos a distância; a possibilidade de buscar dados nos mais diversos centros de pesquisa pela internet.

Sem dúvida, toda essa nova tecnologia provoca o debate a respeito de seu uso, bem como do papel do professor e de sua mediação pedagógica no processo de aprendizagem.

A discussão sobre a mediação pedagógica envolve, como já anunciamos anteriormente e como aprofundaremos adiante, uma nova postura do professor. No entanto, isso exige também que se trabalhe uma mudança na postura do aluno.

O desenvolvimento da mediação pedagógica se inicia no trabalho com o aluno, para que este assuma um papel de aprendiz ativo e participante (não mais passivo e repetidor), de sujeito de ações que o levem a aprender e a mudar seu comportamento. Essas ações, ele as realiza sozinho (autoaprendizagem), com o professor e com os seus colegas (interaprendizagem).

Busca-se uma mudança de mentalidade e de atitude por parte do aluno: que ele trabalhe individualmente para aprender, para colaborar com a aprendizagem dos demais colegas, que atue em equipe e que veja o grupo, os colegas e o professor como parceiros idôneos, dispostos a colaborar com sua aprendizagem.

Ver o professor como parceiro idôneo de aprendizagem é mais fácil, porque esse padrão está mais próximo do tradicional, mas ver seus colegas como colaboradores para seu crescimento significa uma mudança importante e fundamental de mentalidade no processo de aprendizagem. Essas interações (aluno-professor-alunos) conferem um pleno sentido à corresponsabilidade no processo de aprendizagem.

Não se pode educar para conviver se não se educa com atitudes de cooperação e participação coletiva na interaprendizagem (...). A proposta considera o grupo como um lugar privilegiado para a interaprendizagem, entendido como um espaço descontraído e de produção de conhecimentos, pela dinâmica e riqueza que traz por meio da confrontação das ideias e opiniões próprias das experiências prévias de cada participante: a possibilidade de se trabalhar com consensos e discordâncias numa dinâmica permanente de ação-reflexão-ação. (Perez e Castillo 1999, p. 42; trad. nossa)

Por mediação pedagógica entendemos a atitude, o comportamento do professor que se coloca como um facilitador, um incentivador ou um motivador da aprendizagem, que se apresenta com a disposição de ser uma ponte entre o aprendiz e sua aprendizagem – não uma ponte estática, mas uma ponte "rolante", que ativamente colabora para que o aprendiz alcance seus objetivos.

É a forma de apresentar e tratar um conteúdo ou tema que ajuda o aprendiz a coletar informações, relacioná-las, organizá-las, manipulá-las, discuti-las e debatê-las com seus colegas, com o professor e com outras pessoas (interaprendizagem), até produzir um conhecimento que seja significativo para ele, conhecimento que se incorpore ao seu mundo intelectual e vivencial e que o ajude a compreender sua realidade humana e social, e mesmo a interferir nela.

São características da mediação pedagógica:

- dialogar permanentemente de acordo com o que acontece no momento; trocar experiências;
- debater dúvidas, questões ou problemas; apresentar perguntas orientadoras; orientar nas carências e dificuldades técnicas ou de conhecimento quando o aprendiz não consegue encaminhá-las sozinho;
- garantir a dinâmica do processo de aprendizagem; propor situações-problema e desafios; desencadear e incentivar

reflexões; colaborar para estabelecer conexões entre o conhecimento adquirido e os novos conceitos; colaborar para desenvolver crítica com relação à quantidade e à validade das informações obtidas; cooperar para que o aprendiz use e comande as novas tecnologias para suas aprendizagens, e que não seja comandado por elas ou por quem as tenha programado; colaborar para que se aprenda a comunicar conhecimentos, quer pelos meios convencionais, quer pelas novas tecnologias;

- promover o intercâmbio entre a aprendizagem e a sociedade na qual estamos inseridos, nos mais diferentes aspectos; fazer a ponte com outras situações análogas; colocar o aprendiz frente a frente com questões éticas, sociais e profissionais, por vezes conflitivas.

A mediação pedagógica coloca em evidência o papel de sujeito do aprendiz e o fortalece como protagonista de atividades que vão lhe permitir aprender e atingir seus objetivos, dando um novo colorido ao papel do professor e aos novos materiais e elementos com que ele deverá trabalhar para crescer e se desenvolver.

Faz parte da mediação pedagógica confiar no aluno; acreditar que ele é capaz de assumir a responsabilidade pelo seu processo de aprendizagem conosco; assumir que o aluno, apesar de sua idade, é capaz de retribuir atitudes adultas de respeito, de diálogo, de responsabilidade, de arcar com as consequências de seus atos, de profissionalismo quando tratado como tal; desenvolver habilidades para trabalhar com tecnologias que em geral não dominamos, para que nossos encontros com os alunos sejam mais interessantes e motivadores – todos esses comportamentos exigem, certamente, uma grande mudança de mentalidade, de valores e de atitude de nossa parte.

Para nós, professores, essa mudança de atitude não é fácil. Estamos acostumados e sentimo-nos seguros com nosso papel tradicional de comunicar ou transmitir algo que conhecemos muito bem. Sair dessa posição, entrar em diálogo direto com os alunos, correr o risco de ouvir uma pergunta para a qual no momento talvez não tenhamos a resposta e propor aos alunos que pesquisemos juntos para a buscarmos – tudo isso gera um grande desconforto e uma grande insegurança.

Faz parte da mediação pedagógica selecionar as técnicas que favoreçam o processo de aprendizagem de acordo com o que se pretende que os alunos aprendam em suas diferentes dimensões: intelectual, afetiva, atitudinal e de habilidades. E escolher as estratégias que estejam coerentes com os novos papéis, tanto do aluno como do professor: estratégias que fortaleçam o papel de sujeito da aprendizagem do aluno e o papel de mediador, incentivador e orientador do professor nos diversos ambientes de aprendizagem.

A ênfase no processo de aprendizagem exige que se trabalhe com técnicas que:

- incentivem a participação dos alunos, a interação entre eles, a pesquisa, o debate, o diálogo, que promovam a produção do conhecimento;
- permitam o exercício de habilidades humanas importantes, como pesquisar, trabalhar em equipe com profissionais da mesma área e de áreas afins, apresentar trabalhos e conferências, fazer comunicações, dialogar etc.;
- favoreçam o desenvolvimento de habilidades próprias da profissão na qual o aluno pretende se formar;
- motivem o desenvolvimento de atitudes e valores, como ética, respeito aos outros e a suas opiniões, abertura ao novo, criticidade, educação permanente, sensibilidade às necessidades da comunidade na qual o aprendiz atuará como profissional, busca de soluções técnicas e condizentes com a realidade para a melhoria da qualidade de vida da população.

Faz parte da mediação pedagógica repensar e criar um novo sistema de avaliação que se integre ao processo de aprendizagem e incentive o aluno a aprender. Assumir a avaliação como um processo de *feedback* ou de retroalimentação que traga ao aprendiz informações necessárias, oportunas e no momento em que ele precisa para que desenvolva sua aprendizagem. São informações necessárias oferecidas ao longo de todo o processo de aprendizagem, de forma contínua para que o aprendiz vá adquirindo consciência de seu avançar em direção aos objetivos propostos, e de seus erros ou falhas, os quais deverão ser corrigidos imediatamente.

A informação que se oferece ao aluno, em atividades presenciais, conta com o diálogo imediato, a colaboração de vários sentidos, principalmente a visão, a presença física, a utilização dos gestos e das várias expressões faciais e corporais, para dialogar sobre a informação dada. Assim, eu olho o aluno nos olhos, vejo sua reação, sinto como ele a recebe, e isso estabelece um diálogo no ato que permite modificar as colocações seguintes, explicitar as anteriores e complementá-las.

Já no processo de educação a distância, só dispomos do registro escrito. Daí o cuidado com a redação, pensando em como a mensagem será lida pela pessoa que se encontra a distância. Quantas vezes, ao receber um *e-mail*, lê-se de forma diferente daquela em que ele foi escrito, e o remetente não está presente para corrigir, modificar, acertar o sentido. É imprescindível sempre contextualizar a mensagem na situação atual que o interlocutor está vivendo. Por não considerar esses aspectos, muitas vezes o *feedback* a distância não funciona, ou até funciona em sentido contrário ao esperado.

Quando consideramos o emprego das tecnologias de informação e comunicação, alguns aspectos da mediação pedagógica se sobressaem.

As novas tecnologias cooperam para o desenvolvimento da educação em sua forma presencial (física), uma vez que podemos usá-las para dinamizar as aulas em cursos presenciais, tornando-as mais vivas, interessantes, participativas e mais vinculadas à nova realidade de estudo, pesquisa e contato com os conhecimentos produzidos. Cooperam também, e principalmente, para o processo de aprendizagem a distância (virtual), uma vez que foram criadas para atender a essa nova necessidade e modalidade de ensino. Exploram o uso de imagem, som e movimento simultaneamente, a máxima velocidade no atendimento às nossas demandas e o trabalho com as informações dos acontecimentos em tempo real. Colocam professores e alunos trabalhando e aprendendo a distância, dialogando, discutindo, pesquisando, perguntando, respondendo, comunicando informações por meio de recursos que permitem a esses interlocutores, vivendo nos mais longínquos lugares, encontrarem-se e enriquecerem-se com contatos mútuos. Professores especialistas, grandes autores e pesquisadores, que para muitos seriam inacessíveis, graças a esses recursos, agora já podem ser encontrados.

Como tecnologias, porém, sempre se apresentam com a característica de instrumentos e, como tal, exigem eficiência e adequação aos objetivos aos quais se destinam.

Nesse aspecto central da concepção da tecnologia, já encontramos uma primeira grande diferença entre os usuários dessas metodologias: uns entendem-nas como ótimas para o ensino a distância, no seu sentido mais estrito, isto é, para transmitir informações e conhecimentos, como, por exemplo, a exploração do vídeo ou da teleconferência para a realização de palestras ou aulas expositivas, assistidas por vários grupos de pessoas a distância, mas com uma participação muito restrita: ouvir a palestra e, vez por outra, poder fazer alguma pergunta. Outros fazem o mesmo uso desses recursos tecnológicos como apoio às aulas presenciais, usando, por exemplo, o computador como banco de dados de uma disciplina para responder a consultas e perguntas sobre os assuntos determinados e que são acessados pelos alunos. Ou ainda implantando o Moodle, o TelEduc, o Blackboard ou outros sistemas como plataformas que servem como registros do programa da disciplina, das tarefas a serem realizadas dentro das datas estabelecidas, da correção feita pelos professores e das atribuições das notas. Trata-se de uma perspectiva "instrucionista" na informática educativa.

Outros educadores entendem que o uso das chamadas novas tecnologias deverá privilegiar, tanto na educação a distância como no apoio às aulas presenciais, uma perspectiva "construcionista".

Num processo de educação a distância, poderão essas tecnologias buscar o desenvolvimento das pessoas em sua totalidade, valorizando a *autoaprendizagem,* incentivando a formação permanente, a pesquisa de informações básicas e das novas informações, o exercício da reflexão, o debate, a discussão, o diálogo, a troca de experiências e ideias, a elaboração de trabalhos, a construção da reflexão pessoal, de artigos e textos, facilitando o registro de documentos.

Elas deverão ser utilizadas também para desenvolver a *interaprendizagem*: a aprendizagem como produto das inter-relações entre as pessoas. Dessa perspectiva, a informática e a telemática abrem-nos outro grande mundo de experiências e contatos, se levarmos em consideração o possível número de pessoas contatáveis, a rapidez e o imediatismo desses contatos (seja com pessoas de nosso país, seja com pessoas do exterior, conhecidas ou desconhecidas), sendo suficiente que se disponha de um endereço eletrônico. Professor e alunos passam a ter a possibilidade de se encontrar não só em aula, mas a todo o momento, por meio do correio eletrônico. Pensemos nessas pessoas debatendo, discutindo, apresentando suas ideias, colaborando para a compreensão de um tempo e vivendo em lugares diferentes, com diferentes experiências, culturas, valores e costumes. Que riqueza de intercâmbio!

Esse outro modo de ver e usar as tecnologias de informação e comunicação também pode se fazer presente quando as usamos como apoio às atividades dos cursos presenciais. Pensemos, no exemplo acima, no uso de uma plataforma como o Moodle como apoio às aulas presenciais. Isso em muito ajudará aos alunos encontrar ali registrado o programa da disciplina, a organização de atividades de pesquisa, de debates sobre temas, conceitos, teorias, de constituição de grupos para construir textos, resolver problemas, fazer projetos, estudar coletivamente, debater mediante *chats* e listas de discussões ou fóruns, fazer contatos com outros participantes no processo de aprendizagem.

O Moodle poderá ser usado também em recursos que talvez sejam trabalhados na aprendizagem, como PowerPoint, pequenos vídeos, textos complementares, filmes, fotos e outros materiais que sejam utilizados com uma perspectiva de favorecer a interaprendizagem, a troca, o debate e a crítica.

Com efeito, Almeida (1996, p. 162) esclarece-nos que

> o ensino através do uso de computadores pode se realizar sob diferentes abordagens que situam-se e oscilam entre dois grandes pólos (...). Num dos pólos, tem-se o controle do ensino pelo computador, o qual é previamente programado através de um *software*, denominado instrução auxiliada por computador, que transmite informações ao aluno ou verifica o volume de conhecimentos adquiridos sobre determinado assunto. A abordagem adotada neste caso baseia-se em teorias educacionais comportamentalistas, onde o computador funciona como uma máquina de ensinar otimizada (...). O professor torna-se um mero espectador do processo da exploração do *software* pelo aluno.
> No outro pólo, o controle do processo é do aluno que utiliza determinado *software* para ensinar o computador a resolver um problema ou executar uma seqüência de ações (...) para produzir certos resultados ou efeitos (...). Aqui a abordagem é a resolução de problemas e a construção de conhecimentos (...). O professor tem um importante papel como agente promotor do processo de aprendizagem do aluno, que constrói o conhecimento num ambiente que o desafia e o motiva para a exploração, a reflexão, a depuração de idéias e a descoberta de novos conceitos.

Nesse outro polo é que se configura a mediação pedagógica, como descrevemos acima.

Nessa mesma perspectiva, poderemos explorar a dimensão da mediação pedagógica da teleconferência em favor de um processo de aprendizagem se, por exemplo, essa teleconferência for precedida de estudos sobre o tema, de explicações sobre a relação do tema com o programa que vem sendo desenvolvido naquele curso, de informações sobre o pensamento do conferencista, ou sobre os trabalhos que vem desenvolvendo, providências que permitirão um aproveitamento maior das contribuições do professor e facilitarão um debate no ar com perguntas, aportes, exemplos, enfim, uma teleconferência que não seja um monólogo, mas um diálogo. Tal participação terá uma continuidade individualmente ou em grupo, de forma presencial ou não, com atividades que se integrem com a teleconferência. Em outras palavras, a teleconferência não poderá acontecer como uma atividade isolada.

O *chat* ou bate-papo exige outras habilidades de mediação pedagógica. Como sabemos, o *chat* ou bate-papo é sempre *on-line*, como atividade síncrona, e funciona como uma técnica de *brainstorming*. É um momento em que todos os participantes estão conectados, interligados, e são convidados a expressar suas ideias e associações de forma livre. Essa técnica possibilita-nos conhecer as manifestações espontâneas dos participantes sobre determinado assunto ou tema, aquecendo para um posterior estudo e aprofundamento deste. Possibilita-nos também preparar uma discussão mais consistente, motivar um grupo para um assunto, incentivá-lo quando o sentimos apático, criar um ambiente de grande liberdade de expressão.

Normalmente essa técnica envolve muito os participantes, e a velocidade com que acontecem as contribuições é surpreendente, uma vez que todos podem se manifestar ao mesmo tempo.

A mediação pedagógica de um *chat* vai exigir do professor habilidade para um acompanhamento muito atento, a fim de evitar a dispersão e não interferir diretamente nas ideias e na participação dos alunos; de policiar-se para não interromper a todo o momento suas manifestações; de manter viva a participação de todos por meio de interferências oportunas e, por vezes, pessoais; de chamar para o debate os que apenas leem sem se manifestar; e, depois de um certo tempo, procurar, por si mesmo ou por meio de um dos participantes, reorientar ou sintetizar as manifestações, com vistas a encerrar a atividade.

Como a técnica anterior, esta também não pode existir sozinha. Há que estar vinculada a outras que a sigam, dando prosseguimento às ideias produzidas, continuando o desenvolvimento da aprendizagem esperada. Por exemplo, com a orientação de leituras de um determinado *site* ou de um texto previamente anexado, com a produção de um texto sobre o resultado do *chat*, postando-o para todos e compartilhando-o, com a indicação da continuação do estudo do tema em atividades no próximo encontro.

O tratamento pedagógico com os fóruns e as listas de discussão é mais tranquilo. Essa técnica cria grupos de pessoas *on-line* que possam debater um assunto ou um tema sobre o qual sejam especialistas ou tenham realizado estudos prévios. Seu objetivo é fazer uma discussão que avance os conhecimentos, as informações ou as experiências, para além do somatório de opiniões, de tal forma que o produto desse trabalho seja qualitativamente superior às ideias originais.

Pode-se organizar um único grupo para discutir ou simultaneamente dividir o assunto em vários tópicos e sobre cada um deles se formar um grupo de discussão. Nas duas hipóteses, há que se pensar em um tempo que permita a formação dos grupos, os primeiros contatos, o tempo para a discussão e para que se tirem as primeiras conclusões visando à produção de um texto, resultado dessas discussões.

As listas ou os grupos de discussão exigem um tempo maior (que permaneçam no ar por uma semana, dez dias) para serem produtivos e significativos, mesmo porque certamente exigirão participações do professor mediador da aprendizagem, seja para contribuir para a discussão, seja para, por vezes, reorientá-la ou para oferecer algum *feedback* que possa dinamizá-la ou encaminhá-la para a realização dos objetivos pretendidos.

Essa forma de trabalhar grupalmente *on-line* – que favorece o desenvolvimento de uma atitude crítica diante do assunto, uma expressão pessoal fundamentada e argumentada sobre os vários aspectos que a envolvem, fruto de estudos e investigações – não pode ser atropelada pelo professor com interferências diretas "para resolver os conflitos ou responder às dúvidas que apareçam". Não se trata de uma situação de perguntas e respostas entre os participantes e o professor, mas de uma reflexão contínua, de um debate fundamentado de ideias, com intervenções do professor a fim de incentivar o progresso dessa reflexão e, como membro do grupo, também trazer suas contribuições, sem nunca fechar o assunto.

Além disso, esse recurso exige um tempo maior para ser realizado, justamente pela possibilidade de cada um entrar a qualquer momento com suas contribuições para o grupo, ou seja, pelo fato de esse grupo de discussão não precisar funcionar com todos os participantes simultaneamente *on-line*.

Pensando no processo de aprendizagem e na interação entre aluno e professor para o encaminhamento desse processo, o recurso do correio eletrônico apresenta-se como uma atividade muito forte em virtude de alguns fatores, como a facilitação de encontros entre aluno e professor, a multiplicação desses encontros entre uma aula e outra, a sustentação mais concreta da continuidade do processo de aprendizagem, o atendimento a um pedido de orientação urgente para não interromper um possível trabalho até o novo encontro com o professor na próxima aula.

Da mesma forma, o professor pode entender ser interessante se comunicar com todos os seus alunos ou com algum deles em particular, durante o espaço entre uma aula e outra, com informações novas, sugestões interessantes ou avisos urgentes, para isso podendo contar com esse recurso do correio eletrônico, fundamental nesses casos. Poderíamos dizer que o uso desse recurso é a consagração de um processo de mediação pedagógica contínuo e constante com o diálogo, o encaminhamento de dúvidas, a reorientação e a pesquisa, as sugestões de organização de ideias, a discussão sobre a solução de problemas e seus fundamentos teóricos, sempre de forma rápida e em tempo real, o que oferece grande dinamismo a essa ferramenta.

Esse recurso é muito importante para a aprendizagem dos alunos, porque os coloca em contato imediato, favorecendo a interaprendizagem, a troca de materiais, a produção de textos em conjunto. Incentiva o aprendiz a assumir a responsabilidade por seu processo de aprendizagem, o que certamente o motivará para o trabalho necessário a essa finalidade.

Com relação ao papel do professor no uso dessa ferramenta, alguns pontos merecem nossa reflexão. A disponibilidade do professor para responder aos *e-mails* é fundamental, pois, se à mensagem do aluno não se seguir imediatamente outra do professor, o processo se interrompe e o aluno se sente desmotivado para continuar o diálogo.

Além disso, a resposta do professor poderá ser para o grupo todo ou para um estudante em particular. No segundo caso, há que se atender à situação concreta e individual daquele aluno, o que fará de cada resposta "uma" resposta particular. Isso quer dizer que, conhecendo o aluno, suas dificuldades ou as situações particulares pelas quais ele passa, a resposta sempre deverá ser individualizada, podendo ser diferente de um aluno para outro.

Não podemos nos esquecer de que, na situação presencial, quando um estudante nos faz uma pergunta, estamos vendo o aluno – suas reações ao nos fazer a pergunta e ao receber uma primeira resposta – e participando do diálogo, que é imediato e que poderá sugerir a continuidade da orientação. No uso do correio eletrônico, não dispomos desse ambiente, e, por isso, o que escrevemos e o modo como o fazemos deverão levar em conta essas situações.

Além da disponibilidade e da forma de responder ao correio eletrônico, há um problema que aos poucos vai-se agravando e para o qual precisamos estar atentos. Trata-se da quantidade de *e-mails* que o professor poderá passar a receber e consequentemente do tempo que a leitura dessas mensagens e a resposta a elas exigirão.

Essa nova tarefa acabará consumindo um número elevado de horas diárias de muitos professores, não só aumentando sua carga de trabalho, como os tirando de outras atividades igualmente importantes. Desconhecem-se soluções efetivas para esse problema.

O que se tem experimentado é procurar delimitar um tempo diário para essa atividade, por exemplo, uma hora, que em alguns dias será mais do que suficiente. Em outros, será preciso selecionar as mensagens mais urgentes, encaminhar-lhes uma resposta e deixar para o dia seguinte as demais. Em outras circunstâncias, podemos reunir um conjunto de mensagens afins e dar uma resposta coletiva para o grupo todo. Mas o problema existe e exige que pensemos em um encaminhamento para ele. A dificuldade não deve impedir-nos de usar esse potente recurso de aprendizagem.

Outra ferramenta muita utilizada por todos, seja em cursos presenciais, seja em cursos a distância, é a internet.

Nos cursos presenciais, costumamos deparar com duas dificuldades no incentivo à leitura e à pesquisa: certa rejeição por parte do aluno em ler livros, preferindo substituí-los por apostilas, e alguma resistência em se dirigir à biblioteca para pesquisar. A internet nos proporciona a oportunidade de encaminharmos essas dificuldades.

Trata-se de um recurso dinâmico, atraente, que possibilita o acesso a um número ilimitado de informações e favorece o contato com todas as grandes bibliotecas do mundo, os mais diversos centros de pesquisa, pesquisadores e especialistas, do Brasil e do exterior, os periódicos mais importantes das diversas áreas do conhecimento.

Acrescente-se a essas vantagens a comodidade do acesso que se faz de casa, do escritório, da empresa, da biblioteca e dos mais diferentes lugares em qualquer tempo: você acessa, lê, compara, reproduz textos e imagens, constrói pensamentos, produz textos, registra reflexões, tudo ao mesmo tempo.

Sem dúvida, a internet é um grande recurso de aprendizagem múltipla: aprende-se a ler, a buscar informações, a selecioná-las, a pesquisar, comparar dados, analisá-los, criticá-los e organizá-los. Desenvolvemos habilidades para utilizar e explorar esse novo recurso tecnológico com criatividade, valores éticos, políticos e sociais, na consideração dos fatos e fenômenos que chegam ao nosso conhecimento de todas as partes do mundo. Autoaprendizagem e interaprendizagem (com os outros, com o mundo e suas realidades, e seu contexto).

A mediação pedagógica se realiza por meio da postura do professor de orientar os alunos a respeito de como direcionar o uso desse recurso para as atividades de pesquisa, busca, seleção crítica de informações, construção do conhecimento e elaboração de trabalhos e monografias. Essa orientação é fundamental para que tão rico instrumento de aprendizagem não se transforme em uma forma mais caprichada de colagem de textos – como antes era feito com textos de revistas ou de livros xerocopiados da biblioteca –, mas que represente uma possibilidade de elaboração de trabalhos e monografias que sejam produção de conhecimento, frutos da reflexão e de estudos pessoais e discussões em grupo, e não apenas cópias de textos já escritos.

Essa orientação, sem dúvida, caberá ao professor. Ele indicará ao aluno como fazer um trabalho de reflexão, como pesquisar na internet, abrindo os primeiros endereços ou *sites* que sejam relevantes para o assunto que se pretende pesquisar e incentivando para que, daí por diante, o aluno faça suas próprias navegações.

O professor não deverá estranhar se, porventura, o aluno chegar a dados ou informações que ele próprio ainda não possua. Seu papel não é o de saber tudo o que existe sobre um assunto antes do aluno, mas estar aberto para aprender também com as novas informações descobertas por esse aluno e, principalmente, estar em condições de discutir e debater as informações com ele, bem como ajudá-lo a desenvolver sua criticidade diante do que venha a encontrar. Todos nós sabemos que há muita coisa importante e maravilhosa a que chegamos pela internet. Assim como há um sem-número de informações absolutamente dignas de irem para o lixo. Alunos e professor vão aprendendo, assim, a desenvolver a criticidade.

Em virtude de seu uso quase diário nas aulas e em cursos a distância, parece-nos interessante comentar a respeito do PowerPoint.

Trata-se de um recurso multimidiático e hipermidiático que integra imagem, luz, som, texto, movimento, pesquisa, *links* já organizados nele próprio ou com possibilidade de torná-los presentes por meio de acesso à internet.

Esse recurso oferece informações e orientações de trabalho para os usuários de forma integrada, o que significa um ganho para a aprendizagem do aluno. Aprende-se por todos os sentidos e com inúmeros incentivos para a reflexão e a compreensão do assunto desejado.

O grave problema que encontramos no uso do PowerPoint, e que afeta diretamente a mediação pedagógica, é o fato de ele estar sendo utilizado diretamente e em todas as aulas como substituto da lousa ou do quadro-negro, como recurso de apoio às aulas expositivas, ou mesmo como substituição dessas aulas.

O PowerPoint é um recurso que serve para expor gráficos, fotos, vídeos, imagens e sons que colaborem com a aprendizagem do aluno. Não faz sentido usar o PowerPoint para projetar *slides* apenas com textos discursivos, uns após os outros, por 50 minutos consecutivos, sem tempo para perguntas e debate, somente com o objetivo de substituir um texto presente num livro ou periódico.

É uma ferramenta a ser empregada prevendo-se as atividades que serão conectadas a ela, o tempo, os momentos para o aluno perguntar, refletir, debater, pesquisar, trabalhar, redigir etc. O PowerPoint deve funcionar como um estímulo a essas várias atividades de aprendizagem, e não como um substituto a elas.

Nem é preciso comentar que a riqueza desses recursos nem de longe deverá substituir a presença e a ação do professor com os alunos. Essas técnicas deverão, isso sim, colaborar para ações conjuntas entre professor e alunos em busca da aprendizagem, por meio da mediação pedagógica.

Todas essas técnicas, desenvolvidas da forma como aqui foram apresentadas, favorecem a autoaprendizagem e a interaprendizagem, tanto na situação educativa presencial como a distância. Entendemo-las e valorizamo-las numa perspectiva construcionista, que pressupõe seu uso com uma característica de mediação pedagógica, incentivando a participação e o envolvimento do aprendiz, o intercâmbio de informações, de diálogo e de debate entre os participantes, uma utilização de técnicas e máquinas que permita visualizar um problema, sua possível solução, discutir o processo, analisar criticamente a solução desenhada, verificar se ela atendeu ao esperado, revê-la à luz de outras informações e ideias novas, registrar e documentar a experiência, comunicar-se sobre ela, analisá-la e criticá-la. Sem dúvida, essas técnicas podem mediatizar pedagogicamente a aprendizagem.

O professor como mediador pedagógico

Até agora vimos refletindo sobre a mediação pedagógica no uso das tecnologias de informação e comunicação. Procuramos defini-la e descrevê-la em sua ação, mas chegamos a um ponto crucial. Para que essa mediação funcione, é imprescindível que o professor esteja imbuído de uma nova perspectiva para o seu papel: o de ser, ele mesmo, um mediador pedagógico.

O professor, na qualidade de mediador pedagógico, deverá desenvolver as seguintes características:

1. Num processo de ensino, ele estará mais voltado para a aprendizagem do aluno, assumindo que o aprendiz é o centro desse processo e, em função dele e de seu desenvolvimento, é que precisará definir e planejar as ações. Essa concepção de aprendizagem há que ser vivida e praticada.
2. Professor e aluno constituem-se como célula básica do desenvolvimento da aprendizagem, por meio de uma ação conjunta, ou de ações conjuntas em direção à aprendizagem; de relações de empatia para se colocar no lugar do outro, seja nos momentos de incertezas, dúvidas, erros, seja nos momentos de avanço e de sucesso; sempre de confiança no aprendiz.
3. Corresponsabilidade e parcerias com alunos são atitudes básicas que incluem o planejamento das atividades, sua realização e avaliação.
4. Desenvolver um clima de mútuo respeito para com todos os participantes, dar ênfase em estratégias cooperativas de aprendizagem, estabelecer uma atmosfera de mútua confiança, envolver os aprendizes num planejamento em conjunto de métodos e direções curriculares com base no diagnóstico de suas próprias necessidades, encorajá-los a identificar os recursos e estratégias que lhes permitam atingir os objetivos, envolvê-los na avaliação de sua aprendizagem, principalmente por meio do uso de métodos de avaliação qualitativa.
5. Domínio profundo de sua área de conhecimento, demonstrando competência atualizada quanto às informações e aos assuntos afetos a essa área, para que não se valorize apenas uma perspectiva metodológica a ser empregada ou uma atitude que venha a cair no vazio. A construção do conhecimento é o eixo

da articulação da prática educativa e ela não pode faltar. Ela não será feita sem estudo, reflexão, investigação e intercâmbio de experiências. Incentivar a pesquisa entre os alunos e ajudá-los a desenvolver uma metodologia científica adequada estarão entre as grandes preocupações do professor.

6. Criatividade, como uma atitude alerta para buscar, com o aluno, soluções para situações novas e inesperadas, tendo presente que cada aluno é um aluno, diferente do outro.

7. Disponibilidade para o diálogo. Com as novas tecnologias, o diálogo tornar-se-á muito mais frequente e contínuo, com outra dimensão de espaço e tempo (não só o encontro semanal com os alunos, durante as aulas). A qualquer momento e de qualquer lugar os aprendizes poderão acessar o professor, esperando uma resposta o mais rápido possível, e não só no próximo encontro presencial. Para tanto, a disponibilidade é fundamental.

8. Subjetividade e individualidade. O professor que está atuando é um ser humano, ou seja, é alguém possuidor de condições pessoais, sentimentos, compromissos, momentos de indisposição para dialogar; é uma pessoa que, em decorrência da situação pela qual possa estar passando, às vezes pode usar uma linguagem mais dura, outras vezes mais cordial. Já o aluno também é um indivíduo. Cada um tem algo de próprio que o professor deverá levar em conta quando se comunicar por meio da máquina. A reação dos alunos às manifestações do professor serão diferentes, e, com base nessas diferenças, o diálogo tomará um significado próprio.

9. Comunicação e expressão em função da aprendizagem. No uso das novas tecnologias, principalmente a distância, o meio de que dispomos para nos comunicar é a linguagem, ou seja, nossas palavras e expressões. Sem poder contar com a visualização de seu interlocutor, que também não ouvirá o tom

de suas palavras, nem com as reações instantâneas de quem o ouve, o professor deverá cuidar muito de sua expressão e comunicação para que elas sempre estejam em condições de ajudar a aprendizagem e incentivar o aprendiz em seu trabalho. Na prática, como acontecerá essa mediação pela expressão e pela comunicação? Excepcionalmente, para transmitir informações. Mais comumente:

- para dialogar e trocar experiências, debater dúvidas e lançar perguntas orientadoras;
- para motivar o aprendiz e orientá-lo nas carências técnicas ou científicas;
- para propor desafios, reflexões e situações-problema, relacionar a aprendizagem com a realidade social e as questões éticas;
- para incentivar a crítica quanto à quantidade e à qualidade de informações de que se dispõe;
- para construir o conhecimento com o aprendiz, tanto no sentido de dar um significado pessoal às informações que se adquirem como no de reorganizar um conteúdo produzindo um conhecimento próprio;
- para ajudar o aprendiz a comandar a máquina.

Conforme Almeida (1996, p. 164),

o professor que trabalha na educação com a informática há que desenvolver na relação aluno-computador uma mediação pedagógica que se explicite em atitudes que intervenham para promover o pensamento do aluno, implementar seus projetos, compartilhar problemas sem apontar soluções, ajudando assim o aprendiz a entender, a analisar, testar e corrigir os erros.

Encerrando este capítulo...

Quando decidimos refletir sobre a mediação e as tecnologias de informação e comunicação, tínhamos em mente chamar a atenção para a atitude e a postura fundamentais do professor ao se utilizar dessas tecnologias: as da mediação pedagógica.

Percebemos com clareza que as técnicas só poderão colaborar para o desenvolvimento das pessoas quando empregadas numa perspectiva de aprendizagem, em que o aprendiz é o centro do processo, que se realiza num clima de confiança e parceria entre alunos e professor, que também estão imbuídos de uma mesma proposta de aprendizagem cooperativa.

Na educação, sempre que abordamos um assunto para nossa investigação, percebemos que ele não está sozinho e que não pode ser considerado à parte. Ao contrário, ele sempre se entrelaça com outros, pois o processo educacional é complexo. Foi o que vimos neste capítulo. Nossa prática também é assim. Aliás, foi essa prática que propiciou e teceu nossas reflexões, alinhavando-as com situações concretas e chegando mesmo a oferecer, em alguns momentos, pistas para se voltar à prática de uma forma nova e diferente.

Isto é o que esperamos: que nossos leitores, dando prosseguimento a estas considerações com suas próprias reflexões e vivências pedagógicas, possam retornar à sua docência com novo ânimo e com novas propostas para serem implementadas, propiciando melhores condições de aprendizagem para nossos alunos e maior gratificação para nós em nosso trabalho docente.

Referências bibliográficas

ALMEIDA, Maria Elizabeth Bianconcini de (1996). "A formação de recursos humanos em informática educativa propicia a mudança de postura do professor?". *In*: VALENTE, José A. (org.). *O professor no ambiente Logo*. Campinas: Unicamp/Nied.

_____ (2004). *Inclusão digital do professor: Formação e prática pedagógica*. São Paulo: Articulação Universidade Escola.

BAIN, Ken (2007). *Lo que hacen los mejores profesores universitários*. Barcelona: Ed. Universitat Valencia.

DE LA TORRE, Saturnino (org.) (2008). *Estrategias didácticas en el aula: Buscando la calidad y la innovación*. Madri: Universidad Nacional de Educación a Distancia.

DIAS, Paulo (2010). "Da e-moderação à mediação colaborativa das comunidades de aprendizagem". *In*: SILVA, Marco; PESCE, Lucila e ZUIN, Antonio (orgs.). *Educação on-line*. Rio de Janeiro: Wak.

FELDMANN, Marina (org.) (2005). *Educação e mídias interativas: Formando professores*. São Paulo: Educ.

FREIRE, Fernanda Maria Pereira e VALENTE, José Armando (orgs.) (2001). *Aprendendo para a vida: Os computadores na sala de aula*. São Paulo: Cortez.

HELDE, Ann e STILBORNE, Linda (2000). *Guia do professor para a internet*. Porto Alegre: Artmed.

IMBERNÓN, Francisco (2012). *Inovar o ensino e a aprendizagem na universidade*. São Paulo: Cortez.

LITWIN, Edith (org.) (2001). *Educação a distância*. Porto Alegre: Artmed.

MERCADO, Luis Paulo Leopoldo (org.) (2009). *Fundamentos e práticas na educação a distância*. Maceió: Edufal.

MORGADO, Lina (2005). "Novos papéis para o professor/tutor na pedagogia on-line". *In*: SILVA, Ricardo Vidigal da e SILVA, Anabela Vidigal da. *Educação, aprendizagem e tecnologia: Um paradigma para professores do século XXI*. Lisboa: Sílabo.

PALLOFF, Rena e PRATT, Keith (2002). *Construindo comunidades de aprendizagem no ciberespaço*. Porto Alegre: Artmed.

_____ (2004). *O aluno virtual*. Porto Alegre: Artmed.

PEREZ, Francisco Gutiérrez e CASTILLO, Daniel Prieto (1999). *La mediación pedagógica*. Buenos Aires: Ciccus.

SANCHO, Juana Maria (org.) (2001). *Para uma tecnologia educacional*. Porto Alegre: Artmed.

SILVA, Marco (org.) (2012). *Formação de professores para docência on-line*. São Paulo: Loyola.

SILVA, Marco; PESCE, Lucila e ZUIN, Antonio (orgs.) (2010). *Educação on-line*. Rio de Janeiro: Wak.

SILVA, Ricardo Vidigal da e SILVA, Anabela Vidigal da (orgs.) (2005). *Educação, aprendizagem e tecnologia: Um paradigma para professores do século XXI*. Lisboa: Sílabo.

VALENTE, José A. (org.) (1996). *O professor no ambiente Logo*. Campinas: Unicamp/Nied.

VALENTE, José Armando e ALMEIDA, Maria Elizabeth Bianconcini (orgs.) (2007). *Formação de educadores a distância e integração de mídias*. São Paulo: Avercamp.

VALENTE, José Armando; PRADO, Maria Elisabete Brito e ALMEIDA, Maria Elizabeth Bianconcini de (orgs.) (2003). *Educação a distância via internet*. São Paulo: Avercamp.

VEEN, Win e VRAKKING, Ben (2009). *Homo zappiens: Educando na era digital*. Porto Alegre: Artmed.

Especificações técnicas

Fonte: Times New Roman 11 p
Entrelinha: 15 p
Papel (miolo): Offset 75 g
Papel (capa): Cartão 250 g
Impressão e acabamento: Paym